부모를 사랑하면
人生은 아름다워

부모를 사랑하면
人生은 아름다워

지담(智潭) 장원동 교육학 박사

dm 동문사

지담(智潭) 장원동 교육학 박사

지담(智潭) 장원동 교육학 박사

 인생의 금언(金言)인 "세상에서 가장 강한 사람은 자기를 이기는 사람이고, 가장 부유한 사람은 만족할 줄 아는 사람이며, 가장 지혜로운 사람은 배우는 사람이고, 가장 행복한 사람은 모든 일에 감사하며 살아가는 사람이다"를 목표로 평생교육과 평생학습을 실천하고자 하는 사람이다.

 교육저서인 현대인의 부모교육, 최현배의 교육철학, 평생교육의 이해(문화관광부 우수학술도서) 등 31권의 책을 저술하였다.

 학교, 관공서, 회사 및 청송교도소 등에서 특강하면서 재소자들에 대한 교화에 정성을 들였다. 또한 노인 양로원 등에서 노인들에 대한 봉사활동을 하였다. 젊은 남녀들에게 주례를 보면서 인생의 선배로서 덕담과 가르침을 주고 있다.

연세대학교 교육대학원에서 석사학위를 받고, 미국 샌디에이고의 U.S.I.U.에서 교육학 박사학위를 취득했다.

상지대학교 교수, 국회정책연구위원을 지냈으며, 1997년에는 중병인 어머니를 21년 동안 몸소 수발하여 대통령 표창 효자상을 수상하였다. 서경대학교 아동학과 교수로 퇴임하였다.

목차

지담(智潭) 장원동 교육학 박사 · · · · · · · · · 6

제1부
내가 사랑한
세 여인의 이야기

1. 나를 키워주신 어머니 김옥희 여사 · · · · · · · 13
2. 내가 배우는 장모님 박말남 여사 · · · · · · · 17
3. 내조의 여왕 정인숙 여사 · · · · · · · · · 21

제2부
부모와
효(孝)교육 이야기

1. 효와 불효란 무엇인가 · · · · · · · · 39
2. 아들의 이야기 · · · · · · · · 54

제3부
유학의 이야기

1. 유학의 현황 · · · · · · · · · 65
2. 세계 젊은이의 전당 U.S.I.U. · · · · · · · 67
3. 미 대륙여행 이야기 · · · · · · · · 78

제4부
감사의 이야기

1. 친구와 교수님들 이야기 · · · · · · · 87
2. 제자들 이야기 · · · · · · · · · 129

제5부
봉사와 특강 이야기

1. 봉사 이야기 · · · · · · · · · · 165
   수원시립요양원 봉사 · · · · · · · 166
   고모님을 위한 공연 · · · · · · · · 167
   아내의 봉사 이야기 · · · · · · · · 168
   건강하게 함께하여 주셔 감사합니다 · · · 168
2. 특강 이야기 · · · · · · · · · · 174
   서울시 시민대학 · · · · · · · · · 174
   청송 보호감호소 · · · · · · · · · 175
   정동제일교회 · · · · · · · · · · 177

제6부
평생교육 이야기

1. 평생교육과 평생학습 · · · · · 181
2. 노인과 좋은 죽음 · · · · · 185
3. 유서 쓰기 · · · · · 192
4. 제2 고향 해인사 미타원 · · · · · 198

제7부
교육철학 그리고 지나온
아름답고 행복하였던 인생의 날들

1. 교육철학의 실천 · · · · · 203
　교육은 사람을 만들고 효(孝)는 사랑의 인간을 만든다　204
2. 지나온 아름답고 행복했던 인생의 날들 · · · · · 205
　부모를 공경(恭敬)하는 사람은 복(福)을 받는다　205
　교수직(敎授職)은 나의 천직(天職)이다　207
　유학(留學)으로 얻은 지혜(智慧)　209
　사람은 책을 만들고 책은 사람을 만든다　211
　결혼식 주례 이야기　213
　고희연(古稀宴) 이야기　217
　희수연(喜壽宴)을 만들어 준 강세영 박사　221
　사진으로 본 추억여행　222

제1부

내가 사랑한
세 여인의 이야기

1. 나를 키워주신 어머니 김옥희 여사

2. 내가 배우는 장모님 박말남 여사

3. 내조의 여왕 정인숙 여사

아버님(장범안) 어머님(김옥희)
장성호(손주)의 돌잔치

1.
나를 키워주신 어머니 김옥희 여사

    우리 집안은 마포에서 5대째 살아오는 전통적 가족이다. 아버님은 연희전문학교 문과를 졸업하시고 후에는 연세대학교 행정대학원을 수료하셨다. 항상 온화하고 인자하시며 근면과 사교성이 뛰어나 지역사회에서 존경을 받으셨다. 사업을 하시면서 박정희 대통령 시절에 초대 통일주체대의원을 역임하셨다.

    나를 낳으신 어머니가 6개월 만에 돌아가셨기 때문에 김옥희 여사는 나를 키워주신 어머님이시다. 어머니 김옥희 여사는 얌전하고, 고우셨고, 검소하시며 항상 남을 배려하는 인내력이 강한 여성이셨다. 또한 어머니는 남의 집 생일, 혼례식에 가시면 이웃들이 모여 이야기도 하고 놀 적에 어머니는 그 집안의 일을 도우시기도 하셨으며, 혼자 남아서 뒷일을 마무리하시는 분으로,

집안은 물론 동네에서도 칭찬을 받으시는 분이셨다. 어머니께서는 나를 진정으로 사랑해 주셨고, 희생적으로 키워주셨다. 내가 아플 때면 꼭 한약을 다리시는데 약이 탈까 봐 연탄불 앞에서 기다리셨다가 짜셔서 시간 맞게 먹을 수 있도록 정성을 다하셨다. 대학시절 내가 몹시 아팠던 적이 있는데 어머님께서는 나의 곁에서 몇 날 며칠을 잠도 안 주무시며 나를 간호하여 주셨다. 이러한 한없는 사랑으로 나는 국회정책 연구위원, 대학교수로 봉직할 수 있었다. 그분은 초등학교를 나오셨지만, 아버님이 한문을 가르쳐 주셔서 보통 사람보다 한문을 많이 아셨으며 아버지와 시부모님을 정성껏 모시면서 음식, 의복을 만들어 집안을 행복하게 하셨던 분이시다.

아버지께서 우리나라 최초의 밀짚모자 공장을 하실 때, 어머니는 가정부 한 분과 함께 직공 10명의 3끼 식사를 대접하시는 등 일의 달인(達人)이셨다. 이처럼 어머님께서는 오직 아버지의 사업과 나의 양육에 정성을 쏟으셨다.

아버지께서는 여러 종류의 사업을 하시면서 바쁜 날을 보내실 때, 어머니께서는 56세에 치매, 정신질환으로 거동을 전혀 못 하셔서 간호학을 전공한 아내가 어머님 목욕을 시켜드리면 가끔 며느리에게 욕도 하시고 때리기로 하셨다. 시어머니와 며느리 사이에 이러한 일들이 번복되면 정신적으로 고통스러웠겠지만 아내는 학교에서 선생님으로 집에 와서는 며느리로서 일을 잘 감당해 주었다. 나 또한 강의를 가기 전에 어머님이 목욕할 일이 생기면, 어렸을 때 나를 목욕시켜 주시면서 진심으로 사랑해주신 어머니를 생각하며 정성껏 목욕을 시켜드렸다. 어느 날 아침에, 일어나 어머니 방의 방문을 여니 몸을 못 움직이는 어머니는 밤에 설사를 하시어 온몸에 범벅이 되어 있었다. 아버님께서는 무슨 일이 생길까 꼭 같이 주무시는데도 비염으로 냄새를 못 맡으셔서 알지 못하셨고, 어머니가 나를 보며 "아범아, 나 똥쌌어" 하셨나. 울컥한 마음을 누르며 집사람과 함께 목욕을 시켜드리니 너무 좋아하셨다. 그러면서 어머니를 더욱 사랑하게 되었고 대소변의 냄새가 나에겐 큰 문제가 되지 않았다. 하루에 여러 번 목욕을 시켜드릴 때도 있었지만, 목욕을 시켜드리면 어머니는 기분이 좋으셨고, 이미자의 동백아가씨를 나와 같이 부르시면서 웃을 때의 모습은 정말 천진스런 소녀 같은 모습이었다.

한 번은 어머니께 '어머니 왜 사셔요' 하고 내가 물어보면 너 때문에 산다'라고 애정을 표하신다. 나는 어머니 볼에 뽀뽀를 해 드리고 마음을 편하게 해드린다.

정신이 없으실 때도 어머니는 손자인 성호, 윤호에게 많은 사랑을 주셨고 아이들 또한 냄새가 나는 할머니 치마폭에 싸여 같이 놀았다. 항상 며느리를 사랑하셨고, 며느리 말이라면 꼭 들어야 한다고 하셨다. 이러한 어머니와 나의 목욕 사랑은 20년간 계속되었다. 돌아가시기 전 병원으로 모시고 갈 때 안은 어머니는 어쩌면 그리도 작아지셨는지 가슴이 저렸다. 돌아가시기 전 가끔 "난 우리 아들에게 뭘 해 줄까" 하셨는데 어머니는 나에게 선물로 효자상을 주고 가신 것 같다.

보고 싶은 어머니

어머니! 당신이 떠나신 5월이 되면 더욱 생각나는 어머니
당신이 심어주고 뿌리시고 가신 한없는 사랑
오늘도 내일도 보고 싶은 당신의 모습
어머니 보고 싶습니다.
어머니 그곳에선 건강하세요
어머니 사랑합니다.

2.
내가 배우는 장모님 박말남 여사

    우리 집사람의 어머님이신 박말남 여사, 나의 장모님과 같이 생활한 지 26년이 되는 해에 고인이 되신 장모님 그립습니다.
    그분은 키가 163cm로 용모가 단정하시고, 검소하시며, 옳고 그름이 분명하시고, 내가 없어도 남을 돕는 일에는 제일 먼저 나서시는 성격을 지니고 계신 분이셨다. 특히 흰머리가 너무 예쁜 모양으로 정돈되어 있어서 '박 마르린 몬로'라는 애칭을 붙여 드렸다. 90세 때도 장모님의 하루 일과는 매우 규칙적이셨다. 아침 5시에 일어나셔서 세수하시고 방으로 들어가셔서 집사람이 그려드린 마리아상 앞에서 기도를 드리신다. 기도 내용은 온 가족이 건강하고 행복한 삶을 기원하시고, 본인은 "천주님께 꿈을 꾸면서 제가 아무 고통 없이 천주님 품속으로 가는 것이 소원입니다"라고 기도 드리신다고 하셨다.

　방에서 나오시면, 장모님께서는 매일 아침 가족의 건강을 챙기셨고. 그리고 현미와 여러 가지 잡곡을 섞어 전기밥솥에 아침밥을 하시며, 밥상에는 마늘장아찌와 식초를 약간 넣은 다시마를 만들어 놓으시고, 검정깨를 꿀과 쉬이 놓으신다. 또 식사 후 고구마는 두 사람의 보물이다. 아침에도 식사를 하시면서 나에게 "장서방 이제 고구마가 4개밖에 안 남았네"라고 말씀하셨다.

　장모님이 오시면서 나는 장모님에게 고구마의 신비함에 대하여 설명하여 드리고 매일 같이 먹었다. 고구마는 껍질 부분이 영양가가 더 높고 알칼리성이라 우리 몸의 산성화를 막을 수 있으므로 껍질째로 먹는 것이 좋다고 말씀해 드리니 장모님은 고구마를 씻는데 무척 정성을 쏟으셨다. 또한 고구마에는 비타민과 식물성 섬유가 많이 있어 원기회복과 시력 향상과 변비, 대장암 예방 등 성인병 예방에 효과가 있다고 설명드렸다.

　아침에는 90% 이상이 흡수되고, 점심은 20%~30%. 저녁은 10%밖에 흡수가 안 되므로 고구마는 아침에 먹는 것이 좋다고 말씀드리고, 심장질환, 간질환, 위장질환, 마비증상 등을 예방한다고 설명해 드리면서, 장모님과 나는 매일 아침 고구마 하이 파이브로 '화이팅'을 하면서 하루를 하였다.

　이것들이 준비되지 않으면 장모님에게는 큰일 나는 일이라, 아무리 바쁜 일이 있어도 꼭 사다 드리고, 미리 준비해 드린다. 그리고는 전날 세탁물을 정리하셨다. 집사람이 학교 가기 위해 6시에 일어나 아침상을 준비하는데 함께 도와주시며 출근하는 가족들 4명(아들들과 나와 집사람)이 집을 떠나고 나면 아침 설거지와 쓰레기 버리기를 시간을 맞추어 해주셨으며. 된장, 간장과 조청을 손수 만드시면서 가족들의 건강을 챙기시는 부지런한 분이셨다.

아침에서 저녁까지 TV는 내 친구하시면서 연속극에 몰두하시는데 가끔은 2가지 연속극의 내용이 합쳐서 말씀하셔서 우리를 웃게 만드시기도 하셨다. 낮잠도 주무시고 오후가 되면 나와 손주의 와이셔츠를 깨끗하게 다려 놓으시며 정오와 저녁 6시가 되면 평화방송을 시청하시면서 매일 기도하기를 게을리하지 않으셨던 분이시다.

저녁 식사 준비를 하고 식사를 하신 후 오늘 하루를 끝내기 위해 세수와 몸을 씻으시고 8시 30분 연속극이 끝나고 뉴스를 보신 후 9시 30분이면 취침을 하시는 하루의 일과가 아주 규칙적이신 장모님이셨다. 편찮으신 어머니를 모실 때는 우리가 모두 해드리는 어려움이 있었는데, 건강하신 장모님과 같이 생활하면서 어머니한테 받지 못한 사랑을 받는 것 같아 정말 감사하다.

장모님은 인간의 최고 덕목인 정직과 근면을 우리에게 가르쳐 주셨고. 나는 장모님께 많은 것을 배웠고. 하루, 하루를 우리를 위해 애쓰시던 나의 장모님! 100세 생신잔치를 준비하였는데 갑작스런 위장장애로 생신 두 달 앞두고 고인이 되신 장모님, 매일 챙겨주셔서 감사합니다.

장모님 사랑합니다.

위 - 아들 장성호, 장윤호
아래 - 장모님(박말남 님) 우리 내외

3.
내조의 여왕 정인숙 여사

여보! 우리 부부가 서울역 대우빌딩 지하 다방에서 첫 미팅에서 만나 결혼한 지도 벌써 49년이 되었구려, 내가 처음 만났을 때 당신의 모습은 그 당시 유명한 아름다운 여배우 잉그리트 버그만 같은 모습이었소.

우리는 3년 동안 교제하면서 사랑을 키워왔었지, 그리고 1976년 2월 22일 오후 2시 서울 프레지던트 호텔 22층에서 결혼을 하고 성호, 윤호를 낳았고 시부모님을 지극 정성으로 모시는 며느리가 되었소.

내가 29세에 강원도 원주의 상지대학교 교수로 발령을 받아 월요일부터 금요일까지는 대학교에서 학생들을 가르치고 금요일 오후에 올라오는 주말 부부로 보냈었지, 상지대학교 교수생활 4

년 동안 많은 것을 배우고 경험을 쌓았고, 좀 더 공부하기 위해 미국유학을 결심했을 때 "아버님 어머님 모시고 아이들 잘 키울 테니 당신의 소원인 박사학위 공부를 열심히 하세요"라고 말하면서 뒤로 돌아서서 눈물을 흘리던 그 모습을 나는 기억하오. 미국에서 공부하면서 학업, 경제, 건강 등의 어려움을 당신이 보내주던 사랑의 편지와 전화 속의 아름다운 목소리가 나를 5년간 지탱하여 주었다오.

내가 미국에서 공부하고 있을 때 당신은 한국에서 부모님과 아이들을 돌보면서도 1982년 한국일보에 '주부의 보람 찾는 나만의 시간 빵꽃 만드는 정인숙'이라는 기사가 실려 있는 신문을 지금도 나는 보물로 간직하고 있다오.

내가 없는 한국에서 가족을 돌보며 직장생활 하느라 얼마나 외롭게 지치고 고달팠는지 나는 안다오. 그러면서도 틈틈이 액세서리를 만들어 신문에 나온 것이 너무나 자랑스러웠다오.

당신과 내가 이별한 지 5년 만에 미국에서 만나 서로의 사랑을 확인하게 된 것은 기억하고 있겠지? 당신의 여고 동창생이 살고 있는 동부의 워싱턴으로 6박 7일 동안 5년 만의 구혼여행을 다녀오기도 했지. 1987년 교육학 박사학위를 받고 돌아와 보니 국내의 대학교수로 임용되기가 어려워, 우리는 많은 어려움을 겪기도 했지. 마침 국회정책연구위원 모집 공고가 있어서 응모하여 많은 경쟁자 속에서 별정직 2급, 국회정책연구위원이 되었을 때는 정말 기뻤소. 그리고 4년을 그곳에서 근무했지.

그 후 서경대학교에 교수가 되어 내가 원하던 후학을 가르치는 교수가 되었을 때는 정말 내가 해야 할 일을 하는 것 같아 참 행복했다오. 우리 두 사람은 편찮으신 어머님을 잘 모시면서 정신적, 육체적 어려움들을 잘 극복하였지. 그 결과 어머님은 나에게 1997년 대통령 표창장을 주셨고 당신은 아름다운 효부가 되었지. 사랑하는 우리 어머니가 돌아가시면서 우리 부부에게 고마웠다는 선물이었던 것 같으오.

생의 전반기를 돌아보면 당신은 아침 일찍 일어나 남편, 아들들 본인의 도시락을 지금까지 정성껏 만들어 주고 학교에 출근하는 나의 천사표 아내요.

우리 두 사람은 교직이 나의 천직이라는 교사와 교수로서 첫째 가정에서 부모를 모시는데 두 아들, 성호 윤호를 교육하는 데 같은 생각과 행동을 보여준 것을 정말로 감사하게 생각하오.

또한 학교에서는 존경받는, 교회에서는 봉사하는 신앙인으로, 친구들에게는 멋진 친구로 불리는 당신이 정말 자랑스럽다오.

그리고 당신은 정성을 다해 시부모님을 모셨고 현재는 엄마를 잘 모시는 딸이며, 아들들에게 희생적인 사랑을 베푼 어머니이며, 남편을 사랑하는 아름다운 내조의 여왕이시오.

여보, 사랑하오, 그리고 고맙소.

감사합니다, 사랑합니다

- 아내가 보내는 글 -

    1974년 미팅에서 만나 결혼하고 49년 사랑, 이광수 쪽지로 우리의 만남이 벌써 생의 반을 지났습니다. 미팅 후 친구들과 만나 에프터 미팅에서 나의 의견도 묻지 않고 다음 만남의 장소와 시간만 말하며 나오라 하는 사람이 어딨냐고 정말 웃긴다며 어떻게 할까 친구와 상의 하던 일, 학교 앞에서 거의 매일 친구들과 같이 탁구 치던 일들이 벌써 그렇게 많은 시간이 흘렀습니다. 그때 우리의 만남을 주선하여 주고 남편 유학시절 외로울까 돌보아준 친구들이 부부 동반하여 서로 고마움을 나누고, 남편 유학시절 명절에 시부모님 찾아주시던 남편의 친구분들, 학교 같이 근무한 선생님들이 아직도 건강하게 만나고 있음은 나의 삶이 정말 행복한 삶이라 생각합니다. 1976년 2월 22일 2시로 하면 결혼기념일은 안 잊는다며 그리고 이렇게 맞는 숫자는 없다고 하며 연초 결혼은 안 좋다 하여도 아랑곳하지 않고 스스로 결정하여 결혼식하고 당신은 그해부터 교수, 남편, 아버지로서의 길을 걸었지요. 정말 수고하셨습니다. 박사학위를 마치고 미국에서 귀국하던 날 살이 찐 아들 보며 못 먹어 부었다며 눈시울 붉히시던 아버님, 몸도 못 쓰시고 정신이 없으면서도 미국에서 나쁜 짓 하면 내가 혼내 준다며 나를 걱정하시던 고인이 되신 어머님. 40년이 지난 지금도 그 사랑을 잊을 수가 없습니다.

그 긴 시간. 혼자 지내는 딸이 안쓰러워하시며 애쓰신 고인이 되신 친정 부모님, 이모님, 이모부님들 보고 싶습니다.

또한 친정엄마 돌아가시고 장례식장에 돌에 새겨진 무늬를 그림으로 그려 선물로 주셔 엄마가 하늘나라에서 달과 구름 위를 걸으시며 행복하게 지내는 것 같아 편한 마음 갖게 해주셨던 김동구 교수님과 사모님,

그리고 같은 아파트에 살면서 맛있는 거 있으면 문 앞에 두고 전화해 주시는 아름다운신 양애경 교수님 이 모든 분들과 지금도 같이 웃으며 함께 지낼 수 있음은 우리가 행복한 삶을 살고 있다는 증거입니다.

내가 시부모님 모신 시간보다 남편이 진성엄마와 더 많은 시간을 딸보다 더 이쁜 딸이 되어 모셔 주었던 우리 남편에게 무엇으로 보답할까 생각해 봅니다. 처음 미팅하고 집에 와서 엄마에게 투덜댈 때 아무래도 수상하다며 다른 때는 아무 말 없었는데 뒷말 많은 것을 보니 뭔가 이상하다며 물으셨으며 그 후 다른 친지들이 선이나, 소개, 미팅 소리만 하면 지금 만나는 사람과 헤어진 후에 만나라며 화내시던 고지식한 친정엄마, 마지막 가시는 날까지 엄마의 애인이 되어 26년간 내가 질투할 만큼 정말 행복하게 지내시게 해주었으면 지금도 내가 조금만 잘못하면 친정엄마 부르며 일러바치는 남편에게 감사하고 사랑합니다. 그리고 마지막 자서전을 쓰며 아내로서 한 페이지를 쓸 수 있는 이런 기회를 준 남편에게 감사합니다.

당신이 미국에서 귀국할 날을 기다리며 어느 날 일기장에

1985년 어느 날의 일기장에서

남산 순환도로를 돌다 보면 움푹 들어간
빨간 북들의 레스토랑,
항상 반짝이는 꽃등이 눈부시다.
나는 언제나 그곳을 동경하며 그 길로 출퇴근을 한다.
무슨 비밀이나 가득 담긴 듯한 침침해 보이는 실내,
저 아담하고 신비로운 벽돌집 안에서는
무수한 만남들이 있겠지?
오늘도 그곳을 지나며 내년을 생각해 본다.
내년 첫눈이 오는 날이 월급날이었으면 좋겠다.
그이가 와 있겠지? 난 그이에게 데이트를 신청할 것이다.
남산 순환도로 중간, 만남에서 9시 30분.
그곳에서 무슨 이야길 할까?
아이들, 부모님도 같이 오면 좋을까?
아니, 그날만큼은 둘이 있으면 좋겠다.
나도 내년이면 저 만남의 집에서
만날 수 있는 사람이 있음을 오늘도 생각하며
혼자 출근 버스 안에서 미소 짓는다. 아주 즐거운 듯이···
내년에 나에게 무슨 해일까?

참 좋은 해일 것이다.
1952년을 생각하며 태어나고,
성장하고, 살아온 것 같은 착각 속에서
나는 오늘 하루도, 내일 하루도
빨리 가길 염원한다.

당신이 아이들과 나, 부모님, 친정엄마에게 때때마다 보내준 카드를 받는 그 순간순간에 우리 식구들을 모두 기뻐하였지요.

*There can't be very many dads
as wonderful as you
Who always bring the happiness
to others that you do--
That's why this very special wish
that's made for you today
Is coming with a lot more love
than words could ever say.*

*Have a
Happy Birthday*

"아버님 생일을 진심으로 축하드립니다.
내년에는 미국에 한번 오셔야죠
건강하게 지내시길 바랍니다 "

미국에서 아들 원동 올림 1991. 4. 30

> I love you, Dear, for what you are
> 사랑하는 당신에게 당신의 모든것은 나를 위해서
> and what you do for me.
>
> for every little joke we've shared,
> 조그만 농담도 같이 나누는 귀중한 추억을
> each precious memory...
> 같이 했고
>
> I love you for your thoughtfulness
> 당신의 불평없는 모든것이 우리 생애를 같이
> and everything you've done
> 하도록 만들고 귀한 행복과 사랑하는
> to make our life together
> 사이가 되어 나는 당신을 사랑한다.
> such a happy, loving one...
>
> I love you for your faith in me,
> 당신의 믿음이, 당신의 이해성많은 가슴이,
> your understanding heart,
> 당신과 내가 언제든지 떨어져 있거나,
> for showing that you miss me
> 돌쳐서 섭섭히 생각할때도 나는 당신을
> anytime we've been apart...
> 사랑 한다.
>
> I love you for each special plan
> 서로의 특별한 계획을 위해 당신을
> you've helped me to fulfill—
> 나에게 도움과 이행할수 있는 것을
> I love you now with all my heart...
> 주었고 지금도 나의 온맘으로 당신 당신을
> and Dear, I always will!
> 사랑하는 것뿐이라오.

당신에게

사랑하는 나의 아내의 32회 생일을
진심으로 축하 하면서

I always love you

SAN Diego에서 아빠로 부터

1983년 1월 27일

What is a Wife?

*A wife is the sunshine
That brightens your days
Year in and year out
And in hundreds of ways…*

당신에게
희망찬 새해를 맞이하며 당신의
생일을 진심으로 축하하오 (1/29日火)

당신의 남편으로 부터
SAN Diego에서 1985.1.16.日

장모님께

장모님의 생신을 축하드리며 항상 건강과 주님의
사랑이 충만 하시길 기도 드립니다.
항상 짐사랑을 돌보아 주셔서 하(감)사드립니다.
사랑 합니다.

　　美國 에서　사위 드립니다
　　　　　　　　Dec 10. 1982.

제1부 내가 사랑한 세 여인의 이야기

제2부

부모와
효(孝)교육 이야기

1. 효와 불효란 무엇인가

2. 아들의 이야기

교육은 사람을 만들고, 효(孝)는 사랑의 인간을 만든다.

우리들은 인공지능 시대의 과학기술로 편리한 생활과 풍요로운 삶을 추구하고 있는 반면에 전쟁 폭력 갈등 실업 등과 같은 인간적인 문제로 도덕의식이 실종 위기시대에 살고 있다.

가정과 학교의 진정한 역할이 점차 감소되고, 부모와 성인들의 본보기 교육과, 양심과 도덕의시이 희박해진 시대의 탓이기도 하다. 그보다 더 큰 이유는 진정한 인간교육을 외면한 교육환경에 있다고 할 수 있다. 학문을 통해서 지식을 얻는 것도 중요하지만, 일상생활을 통하여 필요한 지식과 지혜를 자연스럽게 터득하게 함으로써 '사람답게' 살아가도록 하는 길잡이 역할이 교육에서는 더욱 중요하지 않을까.

교육은 많이 받았다거나 좋은 학벌을 가졌다고 해서 반드시 훌륭한 인격을 갖추었다고 평가받을 수는 없을 것이다.

현재 우리 사회는 부모 부양을 부담스러워하는 자녀들이 속출하고, 고독, 소외, 그리고 경제적 어려움을 호소하는 노부모의 수가 증가하고 있다. 서양의 복지 국가들 못지않게, 우리가 부딪히고 있는 노인문제도 심상치 않음을 느끼게 된다. 그러나 다행히도 많이 쇠퇴하였지만 우리 민족은 아직 조상으로부터 이어받은 효가 있다. 효는 부모와 자녀 간의 도덕적인 관계를 규정하는 가치이고 규범이다. 자녀와 젊은이들이 부모, 노인을 존경하고, 보살피고, 돕는 것, 이것이 효의 근본이다.

1.
효와 불효란 무엇인가

　성경의 에베소서 6장 1~2절에는 '자녀들이 주 안에서 너희 부모에게 순종하라 이것이 옳으리라. 네 아버지와 어머니를 공경하라. 이것은 약속이 있는 첫 계명이다'라고 하였고 모세는 성경의 십계명을 통해서 부모를 공경하라 하였으며, 사도바울 역시 네 아버지와 어머니의 공경을 강조하였다.
　석가모니는 경전에 "부모가 꾸짖어도 언짢아 말고 오히려 기뻐하라, 어버이 공경을 자기 자식 기르듯 정성을 다하라"고 정성과 공경을 이야기했다.
　이퇴계는 효는 백행(百行)의 근원이고 천지(天地)간 모든 인간생활의 지도 원리이며 근본이라고 했다. 이율곡은 효는 사람들의 모든 행동 가운데 으뜸이 되는 것 백행지원(百行之源)이며, 가정을 바로 잡는 길 정가지도(正家之道)라고 했다. 그는 올바른 인간이 형성되는데 있어서 반드시 효에 바탕을 둔 부모 자녀 간의 윤리가 그 바탕이 되어야 한다고 이야기하고 있는 것이다.

부모에게 효도하는 이유는 두 가지를 들 수 있다. 첫째는 나를 낳아주신 은혜 때문이고, 둘째는 나를 길러주신 은혜 때문이다.

「효경(孝經)에서 신체발부 수지부모(身體髮膚 受持父母)」라 하여 자식의 신체는 부모로부터 받은 것이니, 그것을 감히 훼손하거나 손상하지 않는 것이 효도의 시작이라고 했다.

이율곡은 효로써 몸을 다스리는 도리(道理)에 대하여 다음과 같이 말했다. "천하에 내 몸보다 더 소중한 것은 없다. 이 몸은 부모로부터 물려받은 유체(遺體)이다. 부모가 물려준 이 몸은 천하의 어느 것과도 바꿀 수 없다. 부모의 은혜가 얼마나 큰 것인가를 이로써 알 수가 있다. 어찌 감히 몸을 나의 것으로만 생각하며 부모를 극진히 모시지 않을 수가 있겠는가." 따라서 자녀는 부모의 은혜를 갚기 위하여 정성을 다하고 부모를 공경해야 한다. 하늘 같은 부모의 은혜를 망각하는 행위가 있어서는 아니 됨을 강조하는 교시이다. 그리하여 이율곡은 죄목(罪目) 가운데서 불효(不孝)가 제일 크다고 했다.

부모는 자녀에게 몸을 남겨주었을 뿐만 아니라, 자기들의 개인적 편안함과, 만년의 생활안정을 위한 자원을 희생하면서까지 끝없는 사랑과 온갖 유형의 도움과 보살핌으로 자녀들의 성공을 위하여 그 대가를 치르지 않는가. 우리의 부모는 다른 나라의 부모들보다도 이런 점에서 더 뛰어나다. 자녀를 성장시켜 성숙한 성인이 되고 난 후에도 정신적 및 물질적 지원을 계속하다가 세상을 떠난다.

생산 및 양육의 크고 깊은 부모은혜를 명심보감에는 다음과 같이 표현해 놓았다. "아버지 나를 낳으시고 어머니 나를 기르시니 슬프도다. 아버지, 어머니 나를 낳으시고 애쓰시고 수고하셨도다. 그 은덕을 갖고자 하는데 그 은혜가 하늘같이 다함이 없어서 깊을 바를 알지 못하였도다(明心寶鑑, 孝子論)."

부모에게 효를 행한다는 것은 부모를 보살피고 부모가 필요로 하는 서비스를 제공하는 것, 즉 사친(事親)함을 의미한다.

「예기」에는 효의 세 가지 중요한 조건들이 제시되어 있다. 즉 첫째는 부모를 존경하는 것이며, 둘째는 부모와 부모가 인도하는 가족을 욕되게 하지 않는 것이고, 셋째는 부모에게 용돈을 드리고 좋은 음식, 의복 및 따뜻한 방을 제공해 드려 편안히 모시는 것이다.

불효(不孝)란 무엇인가

효(孝)의 개념을 자녀가 부모를 계승하는 것, 잘 섬기는 것이라면, 자녀가 부모를 계승하지 못하고 잘 섬기지 못하는 일이 곧 불효(不孝)라고 할 수 있다. 오늘날의 불효의 유형은 아래와 같다.

첫째, 살인강도와 같이 흉악한 범죄를 저질러 부모가 목숨을 끊어 속죄할 정도의 불효.

둘째, 자식이 부모 앞에서 자살 또는 위태로운 행위로 죽는 행위.

셋째, 게으르거나 방탕하여 자기 밥벌이도 못 해 부모 봉양은 커녕 부모를 괴롭히는 불효.

넷째, 탐욕스럽고 인색해서 자기만 알고 늙고 병든 부모를 돌보지 않는 불효.

다섯째, 부모에게 순종하지 않고 마구 대들고 폭력을 행사하는 불효.

여섯째, 유산(遺産)을 가지고 가족들이 싸우고 송사(訟事)까지 일으켜 부모를 욕되게 하는 불효.

효를 어떻게 행할 것인가

신체보존의 효

조사불효(早死不孝)라는 말이 있다. 이 말은 부모보다 일찍 죽는 것이 가장 큰 불효라는 의미이다. 또한 공자는 신체발부 수지부모(身體髮膚 受持父母), 불감훼상 효지시야(不敢毀傷 孝之始也), 몸과 머리카락, 피부까지도 부모로부터 부여받았으니 감히 다치게 하지 않고 온전히 보존하는 것이 효도의 시초라고 하였다. 나의 몸이 불편하고서는 부모에게 효도할 수 없다.

부모의 분신인 나의 신체를 부모가 보기에 건강하여 기뻐하도록 잘 보존해야 한다는 것이다. 한 예로 IMF의 한파로 인하여 약 200만 명의 실직자가 생겨났다. 그로 인하여 자살하거나 학생들이 성적 비관으로 자살하는 행위는 부모에 대한 큰 불효이며, 군에 간 아들이 자살한다거나 자해를 하는 것도 큰 불효가 아닐 수 없다. 또한 자기 몸의 관리를 철저히 하여 건강을 유지하는 것 또한 중요하지 않는가, 술과 담배, 마약 등으로 자기의 몸을 관리하지 못 함도 불효이리라. 부모는 자식들을 위해 모든 고통을 참으면서 오로지 자식만을 위해 살아왔다. 어려우면 대신하여 줄 방법을 강구하지 않는가. 그러므로 자식 된 자로서 신체를 잘 보존하여 부모에게 효도함이 가장 중요하다.

정신적인 효

정신적인 효는 기존의 효행방법 중 공경(恭敬)하는 효와 순종(順從)하는 효, 시봉(侍奉: 부모를 가까이 모심)하는 효의 뜻을 모두 포함하는 의미이다. 정신적인 효를 하기 위해서는

첫째, 부모의 뜻을 존중해야 한다. 부모의 뜻을 거역하여 노여움을 산다든지, 학생의 의무와 책임을 망각하고 공부를 게을리한다든지, 학교에는 가지 않고 불량배들과 어울리는 등 부모 마음을 불편하게 해서는 안 된다.

둘째, 부모를 욕되게 해서는 안 된다. 우리는 가끔 부모가 자식 때문에 패가망신하는 경우를 본다. 유명인사의 아들이 고의로 병역을 기피하거나, 대마초를 피우거나, 폭력조직에 가담하거나 연예인들과의 스캔들 등으로 부모의 입장을 난처하게 행위들은 부모를 욕되게 하는 행위라고 할 수 있다.

셋째, 부모를 소외시켜서는 안 된다. 사람은 누구나 노인이 되면 외롭고 쓸쓸해진다. 최근에 노인 혼자서 살다가 죽은 지 한 달 이상 지난 후에야 발견되는 경우가 자주 발생하고 있다. 노인이 있는 가정은 매일 같이 전화로라도 문안인사를 드려야 한다. 또한 노인과 대화할 수 있는 소재를 부단히 만들어야 한다. 각 가정마다 부모가 소외되지 않도록 여러 가지 방법을 찾아서 이행해야 하겠다.

물질적인 효

　물질적인 효란 의식주에 관한 효행을 하는 것을 말하는 것으로서 공양의 효를 의미한다. 자녀를 키우고 공부시키고 병을 막느라 옷 한 벌 제대로 해 입지 못하면서 늙으셨기 때문에 자식은 어버이를 물질적으로도 봉양해야 한다.

　첫째, 맛있는 음식, 좋아하는 음식을 자주 해 온 가족이 오순도순 얼굴을 맞대고 식사하는 시간이 많아야 한다. 딥골공원이나 서울역 광장에서 점심을 굶고 지내는 노인들의 모습을 자주 보게 된다. 이것은 핵가족화가 되면서 노인만이 혼자 거처하기 때문이기도 하겠으나 맞벌이하는 자식 내외가 밥을 차려 줄 수 없다 보니 아예 밖에서 시간을 보내는 노인이 더 많은 것으로 보여진다.

　둘째, 입을 옷과 이부자리를 넉넉히 해 드려야 한다. 이때 부모와 같이 고르는 것이 좋다.

　셋째, 용돈은 정해진 날짜에 드려야 한다. 부모에게 드린 용돈은 결국 가족이나 친지를 위해 쓰인다. 결국 주머닛돈이 쌈짓돈인 격인데, 의외로 자녀들은 부모의 용돈에 대해 인색하다. 부모에게 드릴 용돈은 가급적 정해진 날짜에 드리는 것이 부모 마음을 편안하고 여유롭게 해드릴 수 있지 않을까, 우리의 월급이 정해진 날 들어와 계획적인 생활을 할 수 있음과 같지 않을까?

양명의 효

양명(揚名)의 효란 양친(揚親)의 효를 말하는 것으로서 이름을 세상에 널리 펴도록 하는 것이다. "효시어사친(孝始於事親) 중어사군(中於事君) 종어입신(終於入身), 즉 효의 시작은 부모를 섬기는 것이요, 중간단계는 임금을 섬기는 것이요, 마지막은 입신출세(취업)하여 세상에 이름을 드러내는 일이다."라는 말로 현대사회에서 부모가 바라는 자식의 효 중에 양명의 효는 대단히 큰 비중을 차지한다. 입시장에 엿을 붙이고 기도하는 어머니의 모습, 합격자 발표장에서의 울음바다 등 부모가 자식의 출세와 학문을 위해 애쓰는 것도 모두가 양명 때문이다.

양지의 효

양지(養志)의 효란 부모가 살아 있을 때 원하던 바의 뜻을 받드는 것으로써 봉사(奉祀)의 효까지 포함하는 의미다.

부모가 생전에 생각하던 덕행을 기억하며, 생전과 같이 공경하는 마음으로 사는 태도가 중요하므로 부모가 생각했던 덕행을 평소의 생활신조로 삼아 실천해야 한다. 공자는 말하기를 "아버지가 살아 계신 동안은 아버지의 뜻을 잘 살펴볼 것이요, 아버지가 돌아가신 후에도 그 행한 바를 살펴볼 것이나 3년 동안은 아버지의 도(道)를 고치지 말아야 가히 효자라고 할 수 있다."라고 하였다.

효자 교수의 효 교육
(주간한국, 1997년 5월 15일 자)

장원동 박사는 현재 서경대학교에서 교육학(教育學) 강의를 담당하고 있는 교수로서 그는 서울시 마포구 아현동 일대에서 5대째 살아오는 전통적 가장의 장남으로 태어났다. 가족으로는 아버지 장범안(81) 분과 어머니 김옥희(75) 여사, 그리고 아내인 정인숙 여사와의 사이에 장성호(대학 3년 재학), 장윤호(대학 1년 재학) 두 아들과 함께 여섯 식구가 화목하게 지내고 있다.

장 교수 부부는 노부모님을 모시고 20년 동안 생활하면서 부모를 봉양하고 공경하며 두 자녀들에게 효(孝)를 통한 자녀교육을 몸소 실천하는 교육자였다. 특히 어머니 김옥희 여사는 장 교수가 태어난 지 6개월 만에 생모가 사망하여 새로 들어오신 계모이지만, 장 교수는 그를 친어머니처럼 생각하고 극진히 모셨다. 어머니이신 김옥희 여사는 17년 전부터 병환(病患)인 신경쇠약, 정신병, 중풍 등으로 바깥출입을 못 하셨으며, 10년 전부터는 대·소변을 받아내야 하는 실정이었다. 이러한 어머니를 장 교수는 매일 아침마다 목욕을 시켜드리고, 옷을 갈아입혀 드리고, 밥상을 차려드리고, 같이 대화를 나누고, 좋아하는 노래도 같이 하고, 또한 좋아하시는 음식들(음료수, 과일, 도넛, 짜장면 등)을 사다 드린다.

이와 같이 몸이 불편하신 어머니의 마음을 편안하게 해드리는 일을 짜증 한 번 내지 않고 즐거운 마음으로 행하고 있기 때문에, 부인은 물론 두 자녀들도 할아버지, 할머니를 공경하는 것을 가정의 덕목으로 삼고 있었다. 예를 들면, 조부모님 말씀에 거역하지 않고 작은 일이라도 순종하는 것이라든지, 조부모님의 생신에는 온 가족이 좋아하시는 선물을 마련하여 같이 기쁜 마음으로 은혜에 보답하며, 식사시간에는 어른들이 먼저 수저를 들고 식사를 하셔야만 자녀들이 뒤이어 식사를 하는 등 가족 간의 질서의식이 습관화되어 있으며, 화목과 사랑이 충만한 가정환경을 이루었다. 또한 장 교수는 부모님의 친구분들과 이웃분들에게도 효자라는 칭송을 받고 살아왔다. 그리고 장 교수는 대학의 강의시간에는 부모의 효도교육을 강조하여 사회교육의 실천을 보여 주었다. 그리하여 주민들의 추천으로 인하여 1997년 5월 8일 청와대에서 대통령 표창인 효자상(孝子賞)을 받게 되었다. 장 교수는 기자에게 말하기를 "자식 된 도리를 당연히 해야 할 일을 한 것뿐입니다. 효란 사람됨의 도리입니다. 또한 저보다는 제 집사람이 더 힘들죠. 사실은 효자상을 효부상(孝婦賞)으로 바꾸어 부인에게 주어야 합니다. 저의 집사람은 집과 학교의 거리가 1시간 30분이나 되는 곳을 오가며 시부모님들을 위하여 외출 한 번 제대로 못

하고 노부모에게 20여 년 동안 신경을 써 왔습니다"라고 말하는 장 교수 집안은 대대로 효로 뭉친 가정인 셈이다.

현대인이 효행하는 이유

효자는 건강하기 때문에 장수(長壽)한다

효심(孝心)은 온갖 사회악이 득실거리는 거친 세파에서 몸을 건강하게 지킬 수 있는 면역체 같은 역할을 한다. 동시에 스트레스를 흔하게 받으며 살아가고 있는 현대인들에게 그것을 극복할 수 있는 무엇보다 훌륭한 항체이기도 하다 그러므로 효순(孝順)하는 사람은 심신의 피로를 느끼지 않고 언제나 즐거운 마음으로 살아갈 수 있다. 즐거운 마음으로 사는 것만큼 복된 것은 없다.

아무리 지위가 높고 돈을 많이 벌며 맛있는 음식을 먹고 좋은 옷을 입으며 산다고 해도 즐겁지 않으면 곧 불행이다. 즐겁지 않은 가지가지겠지만 부모와 갈등을 빚는다면 어떤 갈등보다! 더 우리를 불행하게 만들 것이다. 고부간의 갈등을 빚는 며느리는 틀림없이 위장장애나 소화불량, 변비, 신경통 같은 병 중 하나를 앓게 된다. 효자(孝子)는 스트레스를 이길 수 있는 항체를 가지고 있는 것에 비해 불효자(不孝子)는 사사건건 부모와 대립하게 되니 늘 긴장과 스트레스를 받으며 살아야 한다. 어느 쪽이 건강에 더 좋겠는가? 스트레스가 심해지면 우울증이나 정신분열을 일으키게 된다. 정신과 의사를 찾아 상담하는 사람 중에 부모와의 관계가 원만치 못한 사람들이 다수 있다는 것만 보아도 상대적으로 효심을 가지고 있는 사람들의 정신이 훨씬 건강함을 알 수 있다. 그러므로 효자는 건강하기 때문에 장수한다.

효는 사람의 본분이며 행동의 길잡이

류성룡은 말하기를 "백 가지 행실이 효도가 아니 하면 서지 못하고, 만 가지 착한 일이 효도 곧 아니면 행해지지 못한다"고 하였다.

효를 백행지원(百行之原)이라고 해서 인간의 백 가지 행실의 근원이라고 강조하는 것은, 사람은 누구나 본성이 맛있는 음식이 있으면 우선 제 입으로 먼저 넣고 싶은 생각이 나는 법이다. 또한 자기 재산과 재물을 아깝게 여기지 않는 사람이 어디 있겠는가. 이것이 본성이요, 당연한 이치이다. 그러나 우리는 이 본성을 초월하기 위하여 일찍부터 교육을 통해서 효를 가르쳤다. 효라는 것은 제 입으로 먼저 맛있는 음식을 먹고 싶은 그 욕망을 억제하고 이것을 부모님께 먼저 드려서 부모가 즐겨하시는 것을 보고 즐기는 것, 즉 내가 수고한다면 내가 땀 흘려 노력해서 그 보람으로 부모가 기뻐하고 즐거워한다면, 그것을 보고 내가 즐겁도록 어려서부터 이것을 강조하여 몸에 익히는 것이다. 이것은 곧 착한 마음(仁)을 함양하는 것이다. 효를 '백행지원'이라고 한 뜻이 바로 여기에 있는 것이다. 어려서부터 효도를 배우고 이를 몸에 익히면, 그것이 바로 도덕적 존재로서의 인격수양과 직결되고, 결국 이기심으로 뛰어넘는 이타주의로 확대되는 것이다.

자식이 본받는다.

예부터 명문가정, 뿌리 있는 가문을 보면 조상 대대로 효부·효자의 집안이 많다. 그 이유는 부모의 모습을 본 자식이 부모의 모습을 본받게 되고, 이어져 그 자식은 본보기를 후대에 물려주게 되니 그러한 집안은 명문가정 및 명문집안을 이룰 수밖에 없다.

중국 주나라 초기의 정치가였던 강태공은 "내가 부모를 효로써 섬기면 자식이 또한 나에게 효도할 것이나, 나 자신이 부모에게 불효하면 자식이 어찌 나에게 효도하리오"라고 하였다. 즉 부모의 일거수일투족을 자식이 본받게 되고, 부모가 행하였던 대로 자식 또한 행하게 되므로 살아 계신 부모님을 섬길 때나 돌아가신 부모님의 제사를 모실 때 정성을 다하여 받들어 모시는 모습을 자식들에게 보여주어야 한다.

불효하면 부모님 돌아가신 후에 후회한다.

중국 남송의 유학자 주자(1130~1200)는 사람의 10가지 후회를 제시하면서 '불효부모사후회(不孝父母死後悔)'라 하여 불효의 후회를 첫 번째로 꼽았다. 또한 「한씨외전」에 "수욕정이풍부지(樹欲靜而風不止)하고 자욕양이친부대(子慾養而怡親父待)라, 나무는 고요하게 있으려 하나 바람이 그냥 놔두지 않고, 자식은 부모를 더 봉양하려 하나 부모는 기다려 주지 않는다"고 하여 부모님이 돌아가시면 후회하게 됨을 깨우쳐 주고 있다. 외국에서 여러 해 동안 공부를 마친 유학생이 학위를 받고 금의환향하여 고향에 계신 부모님께 자식으로서 효도를 해볼까 했으나 부모님은 이미 타계하시고 말았다. 반겨주는 사람도 없었따. 어찌 후회되지 않겠는가?

효는 가정의 회복과 만사형통의 열쇠

"자효쌍친락(子孝雙親樂)이요 가화만사성(家和萬事成)이라, 자식이 효도하면 부모가 즐거워하고, 집안이 화목해지며 모든 일이 순조롭게 이루어진다는 말과 같이, 효를 행하면 가정의 질서와 조화가 저절로 형성되고 모든 일이 쉽게 이루어진다. 그리고 효성이 있는 자식은 부모가 원하는 것이 무엇인지를 잘 알기 때문에 공부도 스스로 하고, 부모·조상에게 욕되는 언행을 하지 않으며,

입신출세를 함으로써 가문의 명예를 빛내게 된다. 그리고 형제간에 우애가 돈독하고 서로를 위해 준다. 자식이 불효하는 집안을 화목할 수도 없고, 행복하지도 않다. 또한 부모의 말을 거역하는 불효자는 형제간, 친척 간, 이웃 간에 화목한 관계를 유지할 수도 없다. 그러므로 효는 가정의 화목과 평화를 불러오고 매사를 순조롭게 할 수 있는 만사형통(萬事亨通)의 열쇠가 되는 것이다.

2.
아들의 이야기

아들의 효행 이야기

나의 아들들은 조부모님과 같이 어린 시절을 보냈다. 특히 큰아들은 집안의 제일 큰 손자로 할아버지의 사랑을 많이 받고 자랐다. 집안의 대소사를 할아버지와 같이 많이 하여 요즈음도 집안에 큰일이 생기면 큰 아들이 많이 챙기고 있다.

나에겐 고모님이 세 분 계시는데, 둘째 고모님께서는 우리 집안과 왕래가 잦아 우리 가족들을 무척이나 사랑하시었다. 은행원이셨던 고모부님이 외동딸을 두시고 먼저 돌아가시고 외동딸이 결혼하면서 작은 아파트에 혼자 사셨다. 고모님은 고혈압과 관절염 등의 지병으로 고생을 하고 계셨다. 나는 고모님께 자주 전화도 드리고 가끔 식사도 대접하고 용돈도 드렸다. 2002년 8월 무척 더운 날 고모님께 전화를 드렸는데 받지를 않으셨다. 다음 날도 전화 통화가 안 돼 여행 가셨나 생각하다 걱정이 되어 아들인 성호 문호에게 고모할머니 댁에 다녀오라고 하였다. 두 아들이 고모할머니 댁에 도착한 지 한 시간쯤 지나 전화가 왔다. 사연인, 즉 아이들이 고모할머니 댁에 도착하여 초인종을 눌렀으나 대답이 없고 냄새가 나서 아파트 관리 아저씨와 함께 문을 열고 집안으로 들어가니, 화장실 안에서 쓰러져 벌써 숨을 거두셨다 한다. 더운 날씨에 하루가 지나 벌써 부패하기 시작하여 냄새가 많이 났다고 한다. 놀란 두 아들들은 잠시 후 정신을 차리고 경찰서와 누이에게 연락을 한 후, 시신을 씻겨 드리고 옷을 입혀 드렸다. 잠시 후 누이가 도착하여 고모님의 모습을 보고 기절하였다고 한다.

　두 아들들은 장례식장으로 고모할머니를 모시고, 기절한 누이는 응급차를 불러 병원으로 이송하였다고 했다. 영안실에 가니 두 아이들이 빈소를 지키고 있는데 몸에서 냄새가 나 집으로 보내 씻게 하였다. 그러한 어려운 일들을 한 우리 아들인 성호, 윤호가 정말 자랑스러웠다. 우리 아이들은 어릴 적부터 병든 할머니 곁에서 밥도 같이 먹고 항상 함께 생활하는 모습을 보고 자랐기 때문에 어른을 모시는 자연스런 효심을 배운 것이라 생각한다.

아들의 편지

사랑하는 아버지께,

아버지의 두 번째 자서전 출간을 진심으로 축하드립니다. 아버지의 모든 순간을 담아낸 이 책에 감사한 마음을 조금이라고 표현하고자 이렇게 짧은 글을 올립니다. 긴 세월 아버지께서 걸어오신 삶의 이야기가 담겨있는 책들은 항상 제게 많은 것을 의미합니다. 아버지의 삶은 저에게 항상 큰 감동과 교훈이 되어왔습니다.

이 글을 준비하며, 아버지와의 삶, 그리고 제 삶을 찬찬히 돌아볼 수 있었습니다. 아버지께서 쌓아오신 수많은 이야기와 추억 속에는 가족과 세상에 대한 깊은 애정이 녹아 있었습니다. 때로는 엄격하시고, 때로는 따뜻하셨던 아버지의 모습은 제가 성장할 수 있는 가장 큰 힘이 되었습니다.

아버지와 함께 보낸 제 삶은 항상 가장 소중한 기억들로 남아 있습니다. 아버지께 받은 사랑과 안정감은 제 인생의 기초가 되었고, 그 안에서 저는 올바른 가치관과 인생의 방향을 찾을 수 있었습니다. 아버지께서 언제나 가족을 위해 헌신하시고 노력하신 모습은 저에게 큰 귀감이 되었습니다.

아버지의 헌신은 단지 가족에 국한되지 않았습니다. 아버지의 가르침을 받아 세상에 나아간 수많은 제자가 사회에서 맡은 역할을 충실히 하고 있고, 또 그들의 제자 역시 사회에서의 역할을 하고 있습니다. 이미 아버지께서 남기신 흔적은 그 자체로 하나의 본보기가 되어, 우리 모두에게 삶의 귀감이 되고 있습니다.

아버지, 늘 곁에서 힘이 되어주셔서 감사합니다. 앞으로도 가족의 건강과 행복을 지키기 위해 힘쓰겠습니다. 또한, 아버지와 함께한 소중한 순간들이 제 마음속에 언제까지나 간직될 것입니다. 가족과 함께한 소중하고 행복한 시간들 그리고 아버지와 나눈 이야기는 저에게 큰 행복을 주었습니다. 앞으로도 이렇게 소중한 기억을 쌓고 아버지와 함께하며 더 많은 이야기를 나누고 싶습니다.

언제나 아버지, 어머니의 건강과 행복을 기원합니다. 아버지께서 주신 사랑과 가르침을 마음에 새기며, 앞으로의 삶에서도 그 가치를 되새기며 살아가겠습니다. 언제나 아버지를 사랑하고 존경하며, 제 삶의 보람으로 삼겠습니다.

다시 한번, 이 책의 출간을 축하드리며, 온 마음을 담아 사랑과 감사를 전합니다.

아버님의 큰 아들 장성호 올림

둘째 아들 장윤호입니다.

저희 식구들의 안녕과 행복을 위해서 고생하신 아버님, 그동안 너무나 고생 많으셨습니다. 그리고 "사랑합니다"

이제 아버지가 마지막 자서전 출판기념회를 하시고 즐겁고 행복한 시간들이 되었으면 좋겠습니다.

좋은 교육은 무엇인가에 대한 고민과 노력을 통해서만 결실을 맺을 수 있다는 것처럼 책을 출판하시는 일도, 저와 같은 아들들에게 배움이라는 즐거움을 더욱 많이 주셨으면 좋겠습니다.

제가 아버지 옆에서 지켜본 아버님은 제자들과 같이 하시는 모습이 가장 즐겁고 행복하셨던 것 같습니다.

이제는 아버지의 건강하고 활발한 생활이 될 수 있도록 형과 제가 무엇이든지 해드릴 수 있는 기회가 될 수 있었으면 하는 간절한 바람입니다.

이번 출판기념회야말로 아버지가 가족과 사회 그리고 미래의 교육에 뜻을 품은 모든 이들에게 뼈와 살이 될 것입니다.

아버지와 함께한 45년이라는 세월이 흘러버렸습니다. 아버지께서 제가 잘못하였을 때 할아버지 묘 앞에서 꾸중하시던 일도 생각납니다. 중학교 때 연극을 하겠다고 하였을 때 쾌히 승낙하여 주셨을 때 고마웠습니다.

돌아보면 아들로서, 참으로 효자 노릇 제대로 한번 못한 것 같아서 부끄럽습니다. 난 태어나 아버지와 희로애락을 함께 했습니다. 그

속에서 많은 걸 배웠고, 부족한 저에게 항상 지혜를 주셨습니다. 고맙습니다. 이 말을 꼭 드리고 싶습니다. 지금처럼 어머니와 함께 항상 웃으시며 건강하시길 기원합니다. 사랑합니다.

지금까지 살아오면서 아버지께 제 마음 표현을 제대로 드리지 못했던 것이 좀 아쉽습니다.

이제부터는 아버지를 위해서 그리고 가족을 위해서 노력 많이 하겠습니다. 지켜봐 주십시오. 아버지, 사랑합니다.

둘째 아들 장윤호 드림

극단 등대 연혁

2006년 5월   대학로 소극장 '고시원 대첩' 창단 공연
2014년 7월   한성아트홀 1관 마이클 쿠니 작 〈이층의 비밀〉 기획공연
2014년 10월   피카소 소극장 피터 쉐퍼 작 〈지켜보고 있다〉 재구성
2015년 3월   해우소 소극장 까를로 골도니 작 〈여관집 여주인〉 낭독공연
2015년 8월   피카소 소극장 존 파울러 작 〈The Cellar〉 재구성
2015년 12월   JH 아트홀 다리오 포 작 〈실수로 죽은 사내〉 극단 등대 제1회 정기공연
2016년 5월   키작은 소나무 극장 까를로 골도니 작 〈여관집 여주인〉 재구성
2016년 6월   피카소 소극장 다리오 포 작 〈실수로 죽은 사내〉 재구성
2017년 3월   달빛 극장 게오르그 뷔히너 〈보이첵〉 극단 등대 명작시리즈 1 재구성
2017년 5월   동숭아트센터 꼭두소극장 카를로 골도니 작 〈여관집 여주인〉 재공연
2018년 5월   예술공간 서울 극장 장아누이 작 〈비겁자〉 재구성
2019년 4월   선돌극장 해롤드 핀터 작 〈He〉 재구성
2019년 7월   동숭무대소극장 까를로 골도니 작 〈Her〉 재구성
2019년 12월   스튜디오 SK 극장 몰리에르 작 〈Him〉 재구성
2020년 8월   알과핵 극장 소포클래스 작 〈안티고네〉 재구성
2021년 2월   한성아트홀 2관 해롤드 핀터 작 〈해피데이〉 재구성
2022년 1월   한성아트홀 2관 이성권 작 〈면회〉 공연
2022년 5월   한성아트홀 2관 존 파울즈 작 〈The Cellar〉 재구성
2022년 8월   '어쩌다 페스티벌' 한성아트홀 2관 셰익스피어 작 〈오델로〉 재

	구성
2023년 3월	극단 등대 기획공연 예술공간 혜화소극장 이성권작 〈면회〉 공연
2023년 8월	'어쩌다 페스티벌' 한성아트홀 2관 김진아 작 〈살고 싶어 죽겠어요〉
2024년 2월	극단 등대 Part2 첫 번째 이야기 나온씨어터 외젠 이오네스코 작 〈Die〉
2024년 10월	제이권 씨어터 극단 등대 창작공연 주애리 작 〈뽁〉
2025년 4월 16일 ~	한성아트홀 2관 주애리 작 〈뽁〉 재공연

극단등대를 창간한 장윤호 연출가 겸 교수는 2025년 4월로 19년 동안 꾸준히 극단 등대를 이끌어 가고 있다. 어려운 환경 속에서도 인간의 희로애락을 예술적으로 창조하는 연출가로서 꿈은 언젠가는 한국을 대표하는 예술가가 될 것이다.

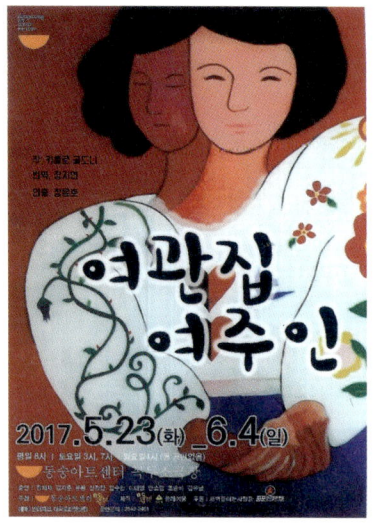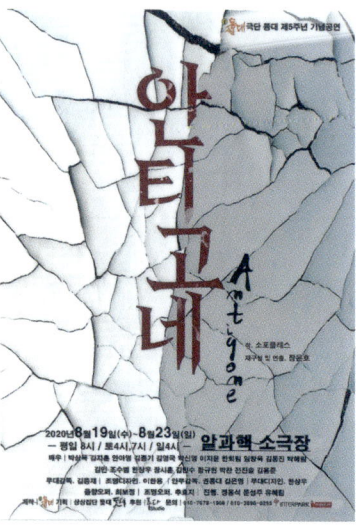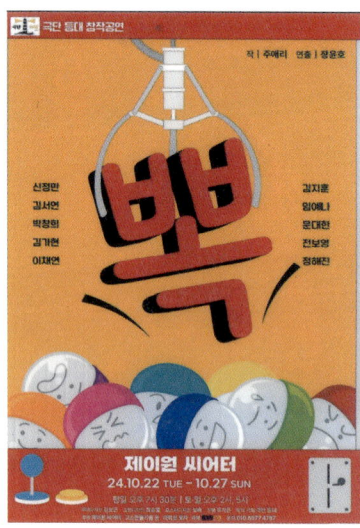

제3부

유학의 이야기

1. 유학의 현황

2. 세계 젊은이의 전당 U.S.I.U.

3. 미 대륙여행 이야기

경험하고 해결하여 얻어지는 산지식은 분명히 자신의 인생을
더욱 값지고 유익하게 하며 자신감을 가지게 하는 원동력이다.

1.
유학의 현황

　미국 교육연구원에 따르면 2023년~2024년 전 세계 나라에서 미국 대학교에 유학 온 유학생은 전체 112만 명이다. 국가별 미국 유학생 수는 1위 중국, 28만9천52명. 2위 인도, 26만8천923명. 3위 한국 4만3847명으로 집계됐다. 이어 캐나다 2만7천876명, 베트남 2만1천900명, 타이완 2만 명 등의 순위였다. 미국은 전 세계 여러 나라에서 유학 온 학생들로부터 약 440억 달러의 경제효과를 유발한다. 우리나라 서울대학교 현직 교수의 미국대학 박사학위 보유율은 교수 1711명 중 864명으로 50.5%이다.

　이런 현실에서 우수한 학생들이 할 수만 있으면 외국 유학을 가려는 것은 당연하다. 학내에서 석사를 한 학생은 박사는 외국에 가서, 국내에서 박사를 한 학생은 박사 후(post doc) 과정이라도 외국에 가서 하고 싶어 한다. 그 중 가장 인기 있는 나라가 미국이다. 우리나라 전체 유학생 가운데 70%가 미국유학을 하고 있는 것으로 나타나 있는데 그중에서도 미국의 캘리포니아(California) 지역에 집중되어 있다. 우선 봄과 여름철만이 있는 살기 편한 기후조건과 로스앤젤레스(L.A)의 오렌지카운티(Orange County)에 한국인들이 밀집되어 살고 있다는 것이 큰 이유가 되는 것 같다. 미국 유학에 드는 비용은 학교와 지역에 따라 그 차이가 현격하나 전체적으로 보아 상당히 높은 수준이며, 해마다 이러한 학비와 생활경비가 계속적으로 증가하고 있는 추세이다. 그러므로 미국에서의 유학생활은 충분한 재력을 필요로 하기 때문에 경제적 문제는 유학 지망생이 직면하는 가장 큰 문제이며, 유학의 필수조건인 토플시험 성적과 미국문화의 적응력, 건강 또한 중요한 문제이다.

2025년 제47대 미국 대통령 도널드 트럼프(Donald Trump)는 미국대학 졸업 외국인에게 미국 영주권을 제공하여 미국의 경제성장과 산업발전을 돕는 제안을 하였다. 이번 제안이 실현된다면 미국 거주 유학생들에게 영주권과 더불어 창업 및 자신의 배운 지식과 기술을 활용할 수 있는 기회로 큰 의미가 있다.

2.
세계 젊은이의 전당 U.S.I.U.

California(캘리포니아)주에 있는 사립대학교인 U.S.I.U.(United States International University)는 San Diego(샌디에이고) 시에서 남동쪽으로 약 20마일 떨어진 숲속에 자리 잡고 있는 50여 년의 역사와 전통이 깊은 대학교로 San Diego(샌디에이고)에는 대학교 본부가 있고 North County(노스카운티), San Jose(산호세), Glendale(그렌데일), Irvine(얼반) 등에는 분교가 설치되어 있으며 영국의 London Campus(런던캠퍼스), Kenya(케냐)의 Nairobi Campus(나이로비캠퍼스), Mexico(멕시코)의 Mexico Campus(멕시코캠퍼스) 등이 있다. U.S.I.U.에는 학부와 대학원 과정이 있으며 학부 학생은 7개 대학 38개 학과와 대학원이 있다. 도서관에는 50만 권 정도의 장서가 비치되어 있고 정기간행물은 1,700종이 있어 논문 작성 시 자료수집에 큰 어려움이 없다. 학기는 쿼터제(quarter)이며 스포츠 팀으로는 야구 농구 등 8개 팀이 있으며 여자팀도 정구, 골프 등 4개의 팀이 있다. 또한 기숙사 시설 완비되어 있다.

유학공부를 위한 조언

여기에서 유학공부를 하고자 하는 이들을 위한 몇 가지 도움되는 말을 하고자 한다.

첫째로 "젊은이들이여 용기를 가져라"라고 말하고 싶다. 21세기를 이끌어갈 젊은이라면 한번 미지의 세계에 도전하여 세계 속의 한국을 인도할 경험과 지식을 가져야 하기 때문이다. 우물 안의 개구리보다는 세계 속의 개구리로서 많은 것을 보고 듣고 실지로 경험하는 유학의 길은 무에서 유를 창조하는 가시밭길이기 때문에 그리 쉬운 일은 아니다. 유학을 성공으로 이끌기 위해서는 철저한 마음의 준비, 즉 목적의식이 뚜렷해야 한다. 학사, 석사, 박사학위 과정의 어려움을 이기기 위해서는 젊음의 용기가 절대로 필요하다.

둘째로 최소한 TOEFL 점수 120점을 꼭 취득은 물론 영어회화도 매우 잘하거나, 누구보다도 명석하고 똑똑하고 자신만이 특출하고 재능이 있는 경우, 미국 대학교에서 장학금 혜택을 받아서 공부할 수 있다(2012년 현재는 만점이 120점으로 바뀜).

셋째로 유학생활을 하는 동안에 당면하는 경제적 문제, 즉 학비 및 생활비를 해결하기 위해서는 한 가지의 기술을 꼭 습득하여 가는 것이 필요하다.

미국인들은 18세 이후에는 부모님 곁을 떠나서 자신이 독립된 생활을 꾸려가기 위하여 직업을 갖는 것이 통상적인 일이기 때문에, 젊은이들은 거의 아르바이트를 하는데 유학생도 예외는 아니다. 이러한 문제를 해결하기 위하여 꼭한 가지 기술을 습득하는 것이 바람직하다. 운전기술은 물론, 정비할 수 있는 기술은 다른 직업보다 임금을 많이 받는다. Computer(컴퓨터)를 능숙하게 다룰 수 있는 기술이 있으면 논문 작성에 많은 도움이 된다.

넷째로 미국인의 사회제도와 교육문화를 배워야 한다. 미국인들은 개척정신, 철저한 실용주의, 자유와 창의력이, 생산적으로 발휘될 수 있도록 되어 있고, 정직함과, 성실함을 추구하는 사회 제도와 교육문화로 구성되어 있다. 미국인은 타성에 의해 억지로 대학교에 입학하지도 않고, 실력이 부족하면 자신이 포기한다. 숙제도 자신이 할 수 있는 데까지만 하고, 남의 것을 베끼는 일도, 남에게 빌려주는 일도 없다. 대학교 시험은 교수 재량에 의하여 수시로 시행되며 감독은 거의 없지만 부정행위를 하려고 하지 않으며, 자신의 실력대로 시험을 본다. 미국에 유학하고자 하는 학생들은 일류대학교를 소망하는 경우가 흔히 있다. 따라서 유학의 결과를 평가하는 데 있어서 어느 대학교 학위보다는, 지식탐구와 학문적 실력을 더 중요하기 때문에 자기 자신의 전공과 실력에 맞는 학교의 선택이 유학의 성공에 지름길이다. 유학생은 미국의 교육과 문화를 배워서 각 분야의 지도자가 되기 위한 정직, 성실, 인내, 노력, 윗분에 대한 존경심, 그리고 겸손함을 갖춘다면 성공적인 유학생활뿐 아니라, 종합적으로 세상을 넓게 볼 수 있는 지도자가 될 것이다.

다섯째로 중요한 것은 건강문제이다. 자기가 목적한 바를 성취하기 위해서는 지나친 과음, 과식, 흡연을 삼가고, 규칙적은 생활이 습관화되어야 한다. 만약 건강을 잃게 되면 폐인이 될 수 있는 가능성도 배제할 수 없다.

여섯째, 미국이라는 나라는 다수의 민족이 살고 있는 다인종

사회이지만 민주주의를 신봉하는 법치국가로서 법에 어긋나는 일을 하면 누구든지 제제를 받는 평등사회이기 때문에 더욱 신중한 몸가짐이 필요하다. 이러한 여러 문제들을 실제로 경험하고 해결하여 얻어지는 산지식은 분명히 자신의 인생을 더욱 값지고 유익하게 할 뿐만 아니라, 대인으로서의 자질을 가지게 하는 원동력이 될 수 있기 때문에 어렵고 험난한 길을 권하는 바이다.

U.S.I.U.에서의 유학생활

내가 San Diego의 U.S.I.U.에서 교육학 박사학위 과정의 공부를 시작하게 된 동기는 연세대학교 교육대학원에서 석사를 받고 상지대학교에서 4년 동안 교수생활을 하던 중 교육학의 본산인 미국에서 공부를 하고 싶었던 마음에서였다. 1982년 4월 유학을 결심했을 때 나의 나이는 34세로서 학문을 하는 데는 조금 늦은 때였으나 워낙 나의 목표가 뚜렷하였기 때문에 강행할 수 있었다. 처음 맞이하는 미국대학생활이란, 호기심과 노력의 결산이었다. 1년여 동안을 학교기숙사에서 만난 미국인 친구 Bill(미술학과 대학원생)과 함께 지내면서 우선 언어와 미국 풍습을 익히는 데 많은 시간을 소비하였다. Cafeteria(카페테리아)에서의 미국생활은, 일주일 동안 적응되지 않은 미국식 음식을 먹으면서, 하루 4시간의 수면, 책과 씨름, 레포트 작성 및 발표 등 반복된 생활의 연속이었다. 미국의 대학은 정말로 미국사회의 기초가 되는 공부를 시킨다는 것을 알게 되었다. 수업내용이라든가, 교수의 태도, 평가의 방법, 학생들의 진지한 토론, 시험 때의 정직한 답안작성, 친절하고 성실한 답변, 강의시간의 엄수, 모든 것이 민주적이고 합리적으로 철저하게 이루어지는 것을 보고 과연 선진국이로구나 하는 감명을 받았다. 처음 학기에는 미국인 교수 하무러스 박사(Dr. Hamrus)가 인간행동론을 강의하고 있었는데 나는 2번이나 지각을 했다. 난 시험을 잘 치렀기에 학점을 받을 수 있겠지 하고 기대를 했는데 웬걸 C학점을 받고 말았다. 교수댁을 찾아가서 물어보았더니 두 번 지각을 했기 때문이라고 대답하였다. 특히 박사과정에서는 평균 B 이상이라야만 박사학위를 획득할 수 있기 때문에, 전공 혹은 선택과목 어떤 것이든 A를 받아야만 한다. 이렇게 철저하고 빈틈없는 미국의 대학과 대학생, 그것이 오늘날의 미국사회를 움직이고 있다고 생각했다. 또 하나 유학생활에서 어려운 것은 정신적인 고독감을 어떻게 극복하느냐하는 것이다. 외국에서 맛보는 고독감은 그야말로 살인적인 것이다. 국내에서 우리가 흔히 말하는 '고독'과는 그 차원이 다른 것이다. 상당수의 유학생들이 처음에 목표했던 학위취득과는 다른 엉뚱한 방향으로 나가는 경우를 종종 보았다. 미국에서 직업을 얻어서 결혼한다든가, 정신질환에 걸려 공부를 끝내지 못하고 귀국하는 경우도 발생한다. 그렇기 때문에 유학을 가는 분들께 될 수 있으면 부부 동반을 권유하고 싶다. 부부란 외로운 인생의 동반자인 동시에 반려자이기 때문에 험난하고 먼 성공의 길까지는 내조의 역할이 필요하다. 특히 미국사회의 구조를 보면 부부 중심의 사회로 되어 있기 때문에 혼자보다는 부부가 환영을 받는다.

나는 1년여 기숙사 생활에서 얻은 경험과 지식을 바탕으로, 미국이라는 나라를 직접 경험하기 위해 아르바이트 자리를 구하고, 가장 싼 하숙집을 전전하는 생활을 시작하였다. 처음에는 일본식당에서 시간당 3.5Cent를 받고서 8시간씩 4일 동안 접시 닦는 일을 하면서 강의를 받으니까 1주일이 언제 지나가는지도 모를 지경이었다. 3개월을 계속하다 이번에는 한국인이 경영하는 식료품점에서 미나리 다듬는 일에서부터 인분을 지고 밭에 갔다 뿌리는 일 등을 하게 되었다. 한국인 집에서 일을 하니까 시간당 5$씩을 받았으나 영어를 구사할 기회가 없어서 6개월 만에 그만두고 샌디에이고 중심가(San Diego down town)에 있는 술집에서 팔자에 없는 술집 종업원(Bar tender) 노릇을 하게 되었다. 두 달쯤 지났을 때 주인이 술집지배인(Bar Manager)을 권유하여 나는 매상을 올리기 위해 학교 학생처 직업상담소에 광고를 내었더니 브룩실즈와 같이 멋진 미국인 여대생(무용학과 전공), 제인(Jane)이 응모하였다. 그날 밤부터 가게 매상은 올라갔으나 새벽 2시에 Bar가 끝나면 문 앞에서 남자들이 줄을 지어 제인(Jane)을 기다리는 바람에 나는 경호원 노릇을 하면서 집까지 바래다주는 일도 하였다. 그 후 모텔에서 일을 할 때였다. 모텔에서는 침대 커버를 바꾸어야 하는데 동양인들을 몸집도, 힘도 멕시칸인을 따라갈 수가 없다. 우리가 하나 바꿀 때 그들은 몇 개를 갈아 끼운다. 그들은 우리보다 시간당 많은 돈을 받지만, 먹는데 많은 지출을 하여 저금을 하지는 못한다. 우리는 힘든 일보다는 머리를 쓰는 계산원(casher)도 해보는 경험을 가질 기회도 있었다. 이러한 일들은 실제로 미국사회 속에 뛰어들어서 몸소 미국이라는 나라를 체험할 수 있는 값진 기회였다.

특히 미국 U.S.I.U에서 만난 후배이며 아우인 노양우(관광학 전공) 사장을 잊을 수 없다. 그는 나와 미국과 한국을 넘나들면서 30년간의 인연으로 지금도 형님과 아우로 지내는 사이다. 그는 말하기를 "교수님은 미국 유학 시절에 자기 관리에 철저히 하셨고, 후배들에게는 자상하고 사려 깊은 배려를 해주셨다. 미국에서 학기말 시험이 끝나면 유학생들의 외로움과 향수병을 달래 주기 위해서 샌디에이고 한인타운 카페에 데리고 나와서 술을 한 잔씩 사주시는 고마움의 기억이 생생하다. 제가 귀국하여 사업을 하면서, 많은 조언과 충고 아끼지 않는 30년 동안 인생의 멘토이십니다. 나에게 있어서는 큰형님과 같은 존재로서. 우리 둘의 취미생활로 노래모임을 만들 정도로 희로애락을 노래로 즐기는 형님과 아우입니다"라고 이야기한다.

박사학위논문 과정

3년 동안에 교육과정(Coursework)을 마치고 4시간의 사투 끝에 박사학위 종합시험(Comprehensive Ex-animation)에 합격하고 나니 우선 마음이 놓였다. 캄브렐 박사(Dr. Gumbrell)는 특히 동양권의 문제에 흥미를 가지고 있는 인자하고 자상한 교육행정 전공의 나의 지도교수였다. 1년 동안 많은 어려움 속에 완성한 박사학위 논문이, 1986년 8월 5일 3명의 교수로부터 "축합니다. 장 박사(Congratulation Dr. Chang)"라는 말을 들을 때 내 가슴은 뜨겁게 달아오르면서 "감사합니다. 교수님(Thank you sir)"을 연발했다. 그리고 나를 정중히 초대하여 만찬을 베풀어 주었다. 이것이 바로 미국 대학교수의 양식이구나 하면서 나도 언젠가는 후학들을 위하여 이러한 양식을 가져야있다고 생각하였다. 학점이수와 논문작성을 할 때 무엇보다도 중요한 것은 담당교수들과의 좋은 인간관계를 유지하는 것이다. 교수가 정해주는 도서는 반드시 읽었으며, 개인적으로 찾아가 질문과 토론을 함으로써 교수들에게 열심히 하는 학생이라는 이미지를 심어 줄 수 있도록 노력하였다. 이렇게 하여 박사학위 종합 구두시험이나 학위 논문을 쓸 때 많은 혜택을 받을 수가 있었던 것 같다.

논문지도 교수는, 그가 정열과 시간을 가지고 나를 지도하는 사람이어야만 많은 도움을 줄 수 있다. 만약 논문지도 교수가 잘 못 선정되면 학위 문턱에서 포기하는 사태가 오기도 한다. 논문을 쓸 때는 연구 범위와 분량을 어느 정도 제한시키는 것이 중요하다고 생각한다. 그렇지 않으면 평생 논문을 쓸 수 있다.

공연히 대작을 쓰겠다는 생각은 하지 말고 대체적으로 다음과 같이 3가지의 기본적 원칙에 의해 작성하는 것이 현명하지 않을까 생각한다.

첫째, 자기가 정한 시간 내에 끝낼 수 있는 논문인가? 둘째, 논문을 쓰기 위한 방법과 지식을 터득하고 있는가, 예를 들어 교육학을 전공하는 학생이 교육행정학에 관한 논문을 쓸 때 교육행정에 관한 충분한 지식을 가지고 있느냐 하는 것이다. 셋째, 논문을 위한 자료가 충분히 구비되어 있는가? 이러한 세 가지를 만족시키는 논문을 쓰는 것이 현명하다.

미국 U.S.I.U. 대학원 교육학 박사학위

미국 San Diego U.S.I.U.
교육학 박사학위

3.
미 대륙여행 이야기

사람들은 오래 미국에서 생활하였으므로 미국의 모든 지역을 두루 구경했을 것이라고 생각하면 그것은 잘못된 생각이다. 미국인이면서도 자기가 사는 지역을 떠나 멀리 여행할 수 있는 기회는 별로 없다. 미국생활이 시간에 쫓기다 보니 여행을 할 여유가 없다. 내가 미국대륙횡단으로 차를 타고 워싱턴을 갔다 왔다고 하니 미국에 사는 분들이 무척 부러워할 정도였다. 이런 기회를 가질 수 있었던 것도 5년 동안 떨어져 있던 나의 와이프가 1월 5일 미국에 왔기 때문이었다. 아내의 친구가 15년 전 워싱턴에 이민 와서 살고 있어서 전화 통화를 하니 반갑고 보고 싶다고 했다.

며칠 후, 친구가 자기의 작은 Toyota(도요타)가 L.A의 Orange

County(오렌지카운티)에 있는데, 그 트럭을 Washington(워싱턴)까지 가져오면 경비 일체를 지불하겠다며 빨리 오라고 하였다. 처음에는 망설였으나 미국을 더 알기 위해서 용기를 내어 L.A에서 Washington까지 가는 동서 횡단을 결심하였다. Orange County를 출발하여 East 8번 도로를 타고 Arizona(애리조나)주, New Mexico(뉴멕시코), OKlahoma(오클라호마), Txas(텍사스)를 가고, East 40번 도로를 타고 Arkansas(알칸사스), Tennessee(테네시스), Virginia(버지니아)를 가고 East 80번 도로를 타고 워싱턴에 도착하는 6박 7일 동안 16시간씩 차를 운전하는 여행을 시작했다.

우리가 가는 도중에 유명한 관광지인 Grand Canyon(그랜드 캐니언)을 구경하기로 하고 Arizona Phoenix(애리조나 피닉스)에 도착하여 길을 살펴보다가 속도위반으로 교통경찰에게 검문을 당했다. 나는 아내와 5년 만에 만나 허니문을 가는데 길을 살피다 속도 위반을 하였다는 것을 설명하니, 놀라워하며 흔쾌히 봐 주면서 좋은 시간이 되길 바란다고 하였다. 미국사회는 법을 준수하지만 이러한 결혼식이나 축하하는 일에서는 선처를 해 주기도 한다.

Arizona Phoenix(애리조나 피닉스)는 넓은 평야와 나무, 말로만 듣고, 영화에서만 보던 선인장의 모습이 사람의 키보다 더 크게 서 있는 것이 아닌가! 드넓은 광야를 향하다 보니 금방 작은 나무가 있나 하면, 어느 순간 큰 나무가 나오고, 검은색 흙이 있기도 하고 유난히 흰색을 띠는 흙들을 보며 감탄을 하며 간다. 흙색이 갈색이라는 것이 편견임을 새삼 느낀다. Arizona를 지날 때는 Cowboy(카우보이)가 말을 타고 금방 나올 것만 같은 착각 속에서 명국환의 Arizona Cowboy 노래를 부르며 4,000FT 고지에 오르니 그 모습은 실로 웅장하였다. 드디어 세계에서 제일 깊은 협곡인 Grand Canyon을 보게 되는 영광의 순간이다. 8,000FT에 있는 분지, 화강암, 암석으로 이루어진 신비로움에 감탄하며, 다른 한편으로는 인간이 어찌 저 대자연의 능력을 따를 수 있을까 생각하니 한없이 초라해지기도 했다. 이곳을 다 구경하려면 며칠이 걸리지만 우리는 시간이 촉박하여 발길을 돌린다. 내려올 때 어둡기 전에 내려 오려고 4시쯤 일찍 출발하였지만 반 정도 내려 왔는데 벌써 캄캄해지기 시작하였다. 길은 고불고불하고 중간중간 팻말에는 "야생동물 위험지역"이라고 쓰여 있는 것을 보고 그곳에서 자고 올 걸 하며 힘겹게 내려왔다. New Mexico는 India City로 그들이 살던 집들이 옹기종기 모여 있었다. New Mexico와 Arizona는 황폐한 광야로 이루어져서 산들은 허리를 뚝 잘라 놓은 듯 편편하다. Olahoma(오클로호마)를 지나면서 그림 같은 한 폭의 집들이 평화로운 마을임을 알려 준다. Texas(텍사스)에 오니 거대한 시추 기구들이 분주히 기름을 퍼올리고 있었다. 석유재벌들의 탄생과 더불어 이 지역이 공업지대로 발전된 것이다. 하루 16시간씩의 운전으로

Memphis(멤피스)를 지나 Tennessee(테네시)에 도착하고 보니 L.A에서보다 2시간 30분이나 시간차가 생겼다. Tennessee, 테네시 왈츠의 노래를 흥얼거리면서 계속 운전을 해 나갔다.

  6일째 되는 날 드디어 문제가 생기기 시작했다. 주머니의 현금이 바닥난 것이었다. 내가 가지고 있던 미국은행(Bank of America)의 수표(Check)는 California주에만 통용되는 은행수표였다. 미국은 워낙 주가 많아서 은행도 서로 주마다 다른 이름으로 독립이 되어 있다는 것을 알게 된 것이다. 워싱턴 친구에게 수신자 부담(Collect Call)으로 계속 전화를 하여 워싱턴(Washington)에서 마중을 나오기로 했다. 6일째 되는 날 우리는 밥도 못 먹은 채 Virginia(버지니아)에 도착하여 커피(Coffee)만 12잔째 마시며 잠을 못 잤다. 집사람은 나의 잠을 깨우기 위해 노래를 불러 주기도 하고 계속 말을 하였지만 결국 졸려서 잠에 빠지고 나는 잠과의 사투를 벌이면서, 새삼 미국인들은 하느님의 축복을 제일 많이 받은 민족이라는 것을 느꼈다. 6박 7일의 긴 여정 끝에 얻어진 값진 경험을 토대로 보다 나은 인생관을 정립할 수 있었다. 만약 유학생들이 학업을 마치고 시간이 허락한다면 자동차로 미국 일주를 할 수 있는 기회를 가져 미국을 바로 볼 수 있는 안목과 통찰력을 기르며 또 다른 자신을 발견할 수 있는 지혜와 용기를 가졌으면 좋겠다.

미국 San Diego 항구

그랜드 캐니언(Grand Canyon)

미국 San Diego U.S.I.U. 대학원
버틀러 교수님과 함께 San Diego 동물원에서

미국 San Diego 항구
아내 정인숙 여사와 만남

미국 San Diego U.S.I.U.
대학원 친구 빌(Bill)

제4부

감사의 이야기

1. 친구와 교수님들 이야기

2. 제자들 이야기

1.
친구와 교수님들 이야기

평생교육을 실천하는 분!

윤연(前 해군작전사령관 해군 중장)

　내가 장원동 교수를 처음 만난 것은 미국에서였다. 1994년 1월, 해군준장으로 진급하여 메릴랜드 대학교에서 국제정치학을 연수할 때였다. 그 당시 메릴랜드에는 나와 해군사관학교 동기생이며 절친했던 지병청(해사25기, 해군중령 예편) 동기가 살았는데 우연히 함께 만난 것이 인연이 되었다. 장 교수는 작은 인연을 귀중하게 생각하는 분이다. 그 후에도 장 교수는 내가 1함대사령관(동해), 해군사관학교 교장, 작전사령관 시절에 부대를 방문하여 많은 격려를 주시고 우정을 나누었다. 장 교수는 평생을 대한민국 교육

발전에 밑거름이 되신 교육계의 거목이다.

장 교수는 요즈음 학교 폭력, 청소년들의 탈선 초·중·고등학생의 문제점들을 바라보면서 교육의 진정한 목적이 무엇인지를 이미 강조하고 있었다. 그는 자신의 많은 저서를 통해 교육에서의 도덕과 이성 등 윤리학이 차지하는 부분을 특히 중요시했다. 그리고 아동 교육과 평생교육의 중요성을 함께 강조했다. 오늘날의 청소년들이 대학에 들어가서 돈만 잘 벌면 된다는 황금만능주의 사상은 한국교육의 큰 문제점이다. 교육의 참모습은 옳은 것을 깨닫고 실천해야 한다는 장 교수의 외침은 현대를 살아가는 청소년들에게 나침반이 될 것이다. 일찍이 플라톤과 칸트도 참된 교육의 목표는 진리를 추구하는 것이며, 진리를 깨닫는 것은 이성을 알고 실행하는 것이라 하지 않았던가?

장 교수는 서경대학교에서 제자에게 가르친 대로 자신도 실천하는 교육가이며 가장(家長)이었다.

그는 대학교에서도 시대정신에 맞게, 또 학생들의 눈높이에 맞는 맞춤형 교육으로 학생들을 가르쳤다. 학생들과 노래방에도 같이 가고, 등산, 드라이브 등 솔선수범하는 교육자였다. 가장으로서 부모에 대한 그의 효심은 지극했다. 공자가 말씀하신 덕의 가장 중요한 부분은 효(孝)였다.

장교수는 부모님과 함께 살면서 중병으로 누워 계신 어머님을 21년간 수발하여 1997년 5월 8일 청와대에서 대통령 표창을 받앉다. 어머님이 돌아가신 후에는 장모님인 박말남 여사를 26년 간 모셨다. 장모님께서는 행복하게 사시다가 100세에 운명하셨다. 노년의 부모들이 100세의 긴 세월을 사시는 것이 무거운 짐이 될 수 있는데 장 교수는 다음과 같이 말하였다.

"장모님과 함께 살면서 넘치는 사랑을 받았고 100세까지 사시는 장모님을 통해서 삶의 아름다움을 배웠다"고 이야기했다.

그 장모님의 따님인 정인숙 여사는 은광여자고등학교 보건교사 30년을 퇴직하고 지금은 노인요양원에서 간호과장으로 근무하시면서 주말에는 정동교회에서 의료봉사를 하고 있다.

그리고 장 교수는 서경대학교 재직 시 31권의 교육 관련 저서 집필과 세종문화회관, 괴산군청, 청송, 청주, 제주교도소 특강, 모르는 젊은이들에게 30년간 730쌍 주례를 주관하면서 그들의 행복과 결혼 출발을 도와주었다. 또한 퇴임 후에는 노인요양원에서 노래봉사로 어르신들을 즐겁게 해주었다. 이와 같이 장 교수는 칸트가 그의 명저 '실천이성비판'에서 강조한 대로 실천하는 지성인(知性人)이었다.

평생을 교육에 몸 바쳐온 그의 삶 자체가 교육이며 표본이었다. 장 교수의 제자들이 훌륭한 것은 멋진 스승이 있었기에 가능한 것이다. 나는 장 교수의 자서전 '부모를 사랑하면 인생은 아름다워'를 통해 부모와 자식이 진실로 사랑하면 인생의 행복과 보람을 함께 나눌 수 있음을 알게 되었다. 장 교수의 자서전이 청소년 및 대학생들에게 참교육의 나침반이 되고 국민들에게 인생항해의 등대가 되기를 기대한다.

윤연 제독님 자서전

사랑하고 존경하는 동생 장원동 박사

최봉종 박사(前 관동대학 교수)

서울 마포구 아현동에서 장원동 박사와 저희 가정은 2대를 거쳐서 양가의 부모님, 형제들이 우의를 맺으며 살아왔습니다. 장 교수의 부친이신 통일주체 대의원이셨던 장범안 의원님과 저의 부친인 최석윤 님과의 관계는 성경식으로 보면 다윗과 요나단의 관계처럼 절친한 사이였고 오늘날의 장 박사와 저의 관계도 서로 존중하면서 사랑하는 형제 사이였습니다.

제가 양정중학교에 입학해서 중학교 2학년 때, 두 분의 아버님 친구이신 장한영 유도8단의 접골원 원장 아저씨께서 우리 아버지(최석윤)에게 "자네 아들은 동작이 빠르니 유도를 시켜보라"고 하셔서 저는 중학교 2학년 때부터 고등학교 2학년까지 열심히 운동하였습니다. 제가 유도시합이 있는 날이면 두 분의 아저씨께서 오셔서 참관하시고, 격려해주셨던 기억이 납니다. 어렸을 때 장 교수와 나는 가끔 장기를 두는데, 내가 보기엔 장기에서 수가 없는 외통수인데도 장 박사는 장기판을 뚫어져라 보고 또 열심히 연구하던 그 모습이 오늘날 미국 유학 과정을 은근과 끈기의 집념으로 난관을 극복하며 미국의 교육학 박사학위를 취득한 것을 자랑스럽게 생각합니다.

성경의 예배소서 6장 1절~2절에는 '자녀들의 主 안에서 너희 부모에게 순종하라. 이것이 옳으니라. 네 아버지와 어머니를 공경하라. 이것은 약속이 있는 첫 계명이니라'고 하셨다. 장 교수는 정인숙 여사와 함께 21년간 어머님 김옥희 여사님을 대·소변 목욕 등 손수 수발하였다. 그리하여 1997년 5월 8일 청와대 김영삼 대통령으로부터 효자상을 받았다. 그리고 또한 박말남 장모님을 아들 같은 심정으로 26년 동안 지극 정성으로 모셔 오던 중 2023년 10월 1일 100세로 운명하셨다.

장 교수님은 상지대, 서경대에서 훌륭한 제자들을 키워내셨다. 그 중에 서경대 제자인 강세영 박사는 장 교수의 희수연(77세)을 차려드리는 훌륭한 제자도 있다.

장 박사는 우리 인간교육의 최고 목표인 사랑의 사람, 섬기는 사랑, 희생의 사람을 실천하는 진정한 행복 전도사이다.

70년 지기의 멋진 친구

차도일 회장

　우리 친구 장원동 교수는 초등학교 시절부터 지금까지 70여 년간 사귀고 있는 형제보다 더 가까이 지내는 사이입니다. 어릴 때 저는 6·25 전쟁으로 북에서 남으로 피란 나와 아현동에 정착하면서 아현초등학교에 입학하게 되었고 이때부터 동급생으로 인연을 맺게 되었고 중고등학교도 같은 학교로 진학하여 같이 다니게 되어 지속적인 인연을 이어갔습니다.

　초등학교 시절부터 장 박사는 친구 사귀기를 좋아하고 남들에게 베풀기를 좋아하여 집안 형편이 어려운 친구들에게 많은 도움을 주는 따뜻한 마음을 가진 정말 좋은 친구입니다.

　성인이 되어서도 멀리 있는 친구들의 안부를 수시로 연락하기 위해 장 박사는 수첩에 친구들의 연락처를 빼곡히 적어놓고 수시로 친구들의 전화로 안부를 묻거나 직접 찾아가거나 하는 등 친구와의 친분관계를 매우 중요시하는 좋은 친구입니다.

　친구들의 결혼 적령기에는 동창 친구들의 결혼식에 단골 사회자로 많은 도움을 주기도 하였고 교수가 되어서는 친구 자녀들의 결혼 주례자로서 많은 봉사를 현재도 하고 있습니다.

　집안에서도 효성이 지극하여 병환으로 누워계신 어머니의 병수발을 21년 동안 돌아가실 때까지 편안히 모셨고, 얼마 전까지는 처가의 장모님도 집으로 모셔와 100세로 돌아가실 때까지 지극 정성으로 모셔 온 효성이 지극한 마음의 소유자입니다. 이런 연유로 국가로부터 효자상을 수상하였습니다.

연세대학교 교육대학원 졸업 후 29세에 강원도 원주 상지대학 교수로 재직하고, 그 후 미국 유학을 하여 미국 샌디에이고 U.S.I.U. 대학원 박사학위를 취득하여 한 단계 자신의 능력을 업그레이드하는 등 열정의 사나이이기도 합니다.

미국에서 귀국하여 잠시 국회 정책연구위원으로 활동한 후 본인의 전공인 학문을 익히기 위해 학계로 돌아와 서경대학교 교수로서 봉직을 한 후 정년까지 무사히 마치고 현재 노후를 편히 지내는 중입니다. 학교 재직 중에는 학문에 정진하여 일 년에 책 한 권을 집필한다는 목적을 갖고 여러 해에 걸쳐 많은 저서를 집필하는 등 학문에 열중하는 학구파이기도 합니다.

건강관리도 잘하여 아직도 아픈 데 없이 잘 지내고 있으며 우리 동년배 친구보다 외모가 한 10년은 젊어 보이고 멋지게 행복하게 여생을 즐기는 중입니다.

최근에도 본래의 남을 좋아하는 성격 탓인지 젊을 때와 마찬가지로 여전히 사람 만나는 것을 좋아하여 활동적으로 다방면의 사람들과 교류를 하며 인생을 재미있게 행복하게 지내고 있는 참으로 멋있는 친구입니다.

항상 건강과 행복이 늘 함께하시길 기원합니다.

보배로운 친구

이상준 (행정학 박사)

장원동 교수를 처음 만난 것은 고등학교 2학년 때였다. 학창시절 그는 유도로 연마된 다부진 체격에 단정하고 카리스마가 있고, 특히 눈이 부리부리하고 미남의 용모를 지녔던 기억이 난다. 장원동 교수는 상지대학에 29세 교수생활을 하던 중 미국 유학을 하여 교육학박사를 받은 후 국회 정책위원을 거쳐서 서경대학교 교수로 활동하던 시기에 본인은 노동부 이사관 시절 만나 많은 대화를 나누면서 친분을 쌓아 오늘날 둘도 없는 진실한 친구 사이가 되었다.

특히 장원동 교수는 자기에게 부여된 역할이나 임무를 수행함에 있어서는, 책임감을 가지고 최선을 다하면서 자기 관리를 철저히 하는 교육자로서 무슨 일을 하든지 미리 계획하고 빈틈없이 준비하는 정성, 그리고 학구적인 열의와 교육에의 헌신과 업적은 그가 소속한 대학 및 우리나라 교육의 발전에 크게 공헌하였다.

20여 년 전 정동제일감리교회에 다니던 장원동 교수의 초대를 받고 교회 예배에 참석한 적이 있었는데, 이를 계기로 신앙에 대한 많은 대화를 나눌 기회가 있었다. 당시 장 교수님은 "세상을 살아가면서 힘들고 고단할 때 지친 몸과 영혼을 편히 쉬게 하는 안식처가 필요한데 나에게 좋은 안식처는 종교"라며 마음의 안식을 갖게 하는 성경의 말씀을 내게 들려준 바 있다.

'여호와는 너를 지키시는 이시라 여호와께서 네 오른쪽에서 네 그늘이 되시나니 낮의 해가 너를 상하게 하지 아니하며 밤의 달도-너를 해치지 아니하리로다'(시편 121장 5,6절) (The LORD watches over you - the LORD is your shade at your right hand; the sun will not harm you by day, nor the moon by night.)

또한 교육자로서 평생교육을 강조하는 장원동 교수는 정동노인대학인 벧엘대학에서 '평생교육과 멋진 인생'이라는 주제로 특강을 하면서, 평생교육의 내용은 성경을 인용한 말씀 등을 포함하여, 30분 강의하고 '노래공부 20분'이라는 시간을 배정하여 마이크에 장착된 노래방 기기를 손수 사서 노래를 선사함으로 교육을 받으시는 어르신 분들이 지루하지 않고 즐겁게 함께 할 수 있는 특강을 하였다. 장 교수 본인도 [정동벧엘대학]이 설립된 이후 처음 있는 파격적인 방식의 특강이었다고 술회하고 있다.

장 교수는 사회봉사활동도 활발히 수행하였는데, 외롭고 소외된 어르신과 불우한 사람들을 위해 노인 요양시설을 방문하여 삶의 현장에서 사랑과 봉사와 베품을 몸소 실천하여 사회활동가 역할도 하였다.

지인 교수님과 노래 친구가 되어 함께 [수원시립 요양원]과 [도봉동 요양시설]의 몸이 불편하고 외롭고 소외된 노인분들을 찾아 위로하시고 어르신들을 위해 직접 메들리로 열창하여 어르신들에게 웃음과 즐거움을 선사했고 그 반응은 기대 이상으로 좋아 장 교수가 다시 오기를 기다렸다고 한다.

장원동 교수는 결혼하는 선남·선녀들을 위해 주례를 집전하여 젊은이들이 견지해야 할 가정과 직장에서의 자세와 부부간의 사랑과 행복한 가정생활을 위한 소중한 말씀을 전파하여 신랑신부와 하객들에게 큰 감명을 주었다.

12년 전에 장원동 교수는 제가 장모님과 사별하신 장인어르신을 모시고 있는 것을 알고 지고 저보고 멋진 친구라고 언급한 적이 있는데 그 말을 들은 저는 부족하고 부끄럽다는 느낌이 들었다. 왜냐하면 장 교수님은 오랜 세월 병환으로 누워계신 어머님을 손수 수발을 드셨고, 어르신이 별세하신 후에는 연로하신 장모님을 모시고 살면서 마음에서 우러나오는 효와 정성을 다하여 그분이 소천하실 때까지 잘 모셨는데. 저는 장 교수의 그런 점을 높이 평가하지 않을 수 없고 그야말로 정말 멋진 친구라고 생각한다.

장원동 교수는 한성고등학교 총동창회 부회장과 15기 동창회장을 역임하면서 리더십과 물심양면의 지원 활동과 많은 좋은 친구들의 조력에 힘입어 동창회의 발전에 크게 기여하였다. 또한, 장 교수는 [한얼회]란 소그룹 동창모임에 참석하여 동문들과 계속 우의와 교분을 유지하고 있다. 끝으로, 장원동 교수의 '부모를 사랑하면 인생은 아름다워'라는 제목의 자서전 출판을 진심으로 축하드립니다.

내가 본받고 싶은 친구

권형문 님

장 교수는 고교 동기 동창이었지만 학창시절에는 그다지 친하게 지내지는 못했다. 그러다 우연한 기회에 장 교수 친구 모임인 한사랑회라는 부부 모임에 같이하게 되면서부터 인연이 시작되었다. 확실한 날짜는 기억나지 않지만 20여 년 전부터 지금까지 이어져 오고 있다.

장 교수는 노래를 좋아하여 어느 날 노래방에 가게 되었는데 내가 놀란 것은 술을 마시지 않았는데도 노래를 2~3시간 부르는 것이었다. 우리들과는 차원이 다른 높은 가창력으로 분위기를 이끌어 가는 것이었다.

장 교수는 친구, 스승, 제자들뿐만 아니라 각계각층의 지인들까지 모두를 아우르는 폭넓은 교류를 하고 있다. 연락이 뜸하다 싶으면 먼저 전화를 하여 근황을 물어보기도 하고 지인들을 찾아가 식사도 하는 등 대외관계에 적극적이다. 특히 사람들을 만날 때는 항상 명랑하고 웃음 띤 얼굴에 가끔 유머러스한 말로 상대를 편하게 하여 준다.

퇴직 후에도 장 교수는 사회봉사로 노인 양로원을 찾아가 외롭고, 고독한 노인들을 위하여 노래와 춤으로 위로해 드리기도 하고, 주례 자격증을 획득하여 수많은 주례를 서주면서 꿈 많은 젊은이들에게 지켜야 할 도리와 용기와 자신을 심어 주기도 한다. 요즘에는 노래방 대신 변두리의 경치 좋은 카페에서 차 한잔 하면서 담소를 나누기도 하고 사진 찍기를 즐기는 것 같다.

장 교수는 또한 자기관리에도 충실하여 희수를 바라보는 나이에도 주름 하나 없는 매끈한 얼굴이 보는 이들로 하여금 감탄해 마지 않는다.

이 모든 일들이 내게는 귀감이 되고 본받을 만한 친구가 있다는 것이 큰 행운이고 행복하다.

항상 건강에 유의하시고 자서전 출간을 진심으로 축하드립니다.

출판기념을 축하하면서

이상민(전 S.K 그룹관계사장)

장 교수와 나는 대학동창이다. 그리고 다시 만난 것은 전 괴산 군수를 지낸 임각수 님의 새집 초대에서 몇몇 동창들과 함께 50년 만이었다.

그 후 나는 안성시 일죽면에 있는 아름다운 정원으로 장 교수 내외를 초대하여 많은 대화를 나누었다. 그런데 두 번째 만나는 그날 나는 장원동 교수에게 흠뻑 빠져 버렸다. 그는 여유와 웃음으로 사람을 당기는 마력의 소유자로 보였다. 왜냐하면 그는 이해와 배려 그리고 사랑을 느끼게 해주는 인성(人性), 멋을 아는 아티스트, 즐거움을 추구하는 로맨티스트 처럼 여겨졌기 때문이다.

나는 늦바람이 무섭다고 50년 공백의 갈증을 해소라도 해볼 심산으로 그를 무섭게 탐색하기 시작했다. 그의 저서에서 친구·동창들의 이야기, 지인들의 말 그리고 무엇보다 매일 주고받는 카톡의 내용을 통해서다. 우리 두 사람이 만난 건 짧은 시간이었지만 서로 간의 지성과 연륜의 경험으로 신뢰할 수 있는 친구로 출판기념 축하의 글을 쓸 수 있어 행복합니다.

장 교수는 효(孝)를 가장 진실되게 실천하였다. 그는 노후의 부모님 그리고 장모님을 지극 정성으로 효(孝)를 다 하여 하늘나라에까지 편안히 모셔드렸다는 것이다. 나의 경우를 돌아보면서 부모님께 효(孝)를 실천하는 것이 얼마나 소중하고 어려운 일인가를 깨우치며 내 자신이 부끄러움을 느낀다.

장 교수는 그의 저서에서 "교육은 인간을 만들고 효(孝)는 사랑의 인간을 만든다"고 하였다.

장 교수는 한순간에 여러 사람 마음을 하나로 만드는 "아우름"의 대명사이다.

그는 매사 긍정적 마인드와 여유, 유모어, 그리고 배려로 친밀감을 유발하여 하나로 만드는 마력의 소유자다. 이것이야말로 인간사회를 평화와 안정으로 이끄는 탁월한 능력이라 여겨진다.

장 교수야말로 인간을 사랑하는 사람이며 완벽을 추구하는 전문가다. 그는 전문가가 되기 위한 목표를 설정하고 열정을 다 하여 공부하여 어려움을 극복하면서 박사학위를 취득한 일정은 실로 놀랍다. 또한 전문 지식을 통한 사회봉사는 제자를 가르치는 일에 버금가는 훌륭한 여정이다.

장 교수는 다정하고 재미있는 노후의 친구이다. 우리가 친구라는 존재가 얼마나 소중한 것인지는 재론이 필요 없을 정도다.

특히 노후의 친구는 얼마 남지 않은 생의 마무리 시간에 평화와 안식을 주어 죽음을 조금은 평화스럽게 맞이할 수 있을 것 같다. 이러한 친구에게 작가 미상의 러브스토리 시(詩)를 인용해 고백하고자 한다.

이 세상에서 가장 예쁜 것은 내 부족한 모든 면을 그대로 바라보는 당신의 눈입니다.

두서없이 늘어놓은 푸념을 끝까지 들어주는 당신의 귀입니다.

홀로 외로워하고 있는 내게 다가와 노래를 불러주는 당신의 고운 목소리입니다.

허망한 내 꿈들을 희망으로 보듬어 주는 당신의 손입니다.

비바람에 쓸어질라 막아주는 다정한 발걸음입니다.

친구여! 아픈 데 없이 남은 시간 건강하게 잘 살아가도록 이끌어 주시게.

한국 전통의 아름다운 정원을 만든
이상민 정원사 이야기

한국 전통의 아름다운 정원을 손수 가꾸고 만들어 정다운 손님들에게 정원 건설의 역사, 꽃과 나무의 생태 설명 등 우리들에게 자연의 아름다움을 가르쳐주고 간이주점에서는 술과 노래로 인생을 즐겁고 아름답게 해주는 멋진 부부입니다.

윤연 해군 중장, 이상민 사장, 장원동 교수

경기도 아름다운 집으로 은상 수상

거실에서 이상민 사장

이상민 사장, 윤연 해군 중장 미니바에서

자랑스런 친구

김계영(전 현대건설 이사)

우리 함께한 인연이 벌써 60을 뛰어넘어
지난 세월의 순간순간들이 새록새록 연결되니 기억이 새롭네.
까까머리 교복시절 어린 마음에도 한일회담 비준반대까지
외쳐가며 국회의사당까지 뛰어가서 대학생들과 합류했던
추억도 지금 떠오르네.
세월의 무상함을 느낀 순간 지금은 까만머리가 하얗게 변하고
몸과 마음이 예전 같지 않아 받아들이고, 허탈감뿐이라
헛웃음만 나오네.
빈틈없이 부지런한 나의 친구
부모님을 지극히 모시던 장 교수님의 효도는, 지금도 크게 본
받고 있네.

멋쟁이 신사!
먼저 앞장서 매사를 챙기고 상대를 먼저 배려하는,
자네의 철학은 교수님 품 안이 아주 적격일세
고민이 있어도 표정의 변함이 없고,
지도자의 자질을 갖춘 옛 성현의 여유로움과 의지를 채워주는
자랑스런 나의 친구일세!

우리 어린 시절은 지금의 신촌, 아현동 거리가 논과 밭이 즐비하고

논에 물을 채우고 서툰 스케이트를 즐기면서,

하하껄껄 까불대던 우리가 지금 이런 모습 이런가

자랑스럽지만 혹여 그 시절로 회귀한다면

가는 세월 붙잡아야지

가슴 벅찬 일일 걸세

또 한 해가 저물면 우리는 춘추로 빈 독을 채우고

행동반경이 좁아지겠지.

허나 후회는 없네.

우리 서로가 축하받을 일도 기다려지지 않는가.

여물어 가는 생일을 채우고

결혼기념일도 金婚을 맞이하니 벅찬 일이지.

마음껏 축하하고 박수를 보내드리네.

꽃의 향기가 없으면 나비가 없듯이

사람에게 따뜻함이 없으면,

사람이 찾아오지 않겠지만 자네에겐 꿀과 향기가 가득함일세.

자네를 보면 희망이 보이고 서로의 믿음이 한결 풍족한 마음이지.

사람 가득한 종로, 명동 거리의 Coffee 향을 느끼며 자네가 좋아하는 노래방은 우리 역시도 좋아하지.

자서전 출간을 축하하며 무궁한 발전을 기원합니다.

나침반을 주는 교수

유성열(일산복음교회 목사)

장원동 교수님의 자서전을 출간하시게 된 것을 진심으로 축하드립니다.

장원동 교수님과는 고등학교 친구이다.

그는 항상 웃은 미남 얼굴이었고 모든 일에 긍정적이었고 적극적이었다. 친구들 사이에서는 정말 독특한 존재였다. 우리들의 생각을 늘 뛰어넘었다. 또한 자기가 계획한 것은 반드시 이루는 강한 의지를 가진 친구였다.

그는 어느 날 미국에 유학을 갔고 돌아와 대학교 교수가 되어 우리들 앞에 나타났다.

정말 대단한 친구이다.

자서전은 그 사람의 걸어온 인생의 발자취이며 삶의 흔적이다.

장원동 교수님의 걸어온 인생의 발자취는 한결같이 성실했고 진심이었고 진실이었다.

그의 삶의 흔적은 사람들에게 감동과 교훈을 주며 도전을 주었다.

그의 발자취는 수풀 속에 오솔길을 내는 것과 같이 사람들에게 삶의 길을 열어주었고, 또한 지름길과 같아서 방황하지 않고 바른길로 인도해 주었다.

중국은 성을 쌓고 로마는 도로를 닦았다고 한다. 이 두 나라의 생각 차이는 서로 다른 인류역사와 문명을 낳게 되었다.

장원동 교수님은 성을 쌓지 않고 도로를 만들어 주는 삶을 살아왔다. 즉 성이 아니라 도로가 중요하다는 말이다.

장원동 교수님은 자신을 위한 성을 쌓기보다는 제자들의 앞날의 도로를 닦아 주는데 자신의 모든 것을 다 내어주는 헌신된 삶이었다.

한 사람 한 사람을 소중히 여기며 일회적 스침이 아닌 진정한 만남을 추구하는 교수였다. 장 교수는 좋은 시계를 주는 교수가 아니라 나침반을 주는 교수였다.

바라기는 이 자서전이 독자들에게 삶에 등불이요 등대가 되어서 용기와 희망을 주며 삶에 지표가 되기를 간절히 소망한다.

장원동 교수님과 모든 독자들에게 항상 하나님의 은총이 가득하시기를 축복합니다.

그대 기억하는가! 장원동 교수님을

시인 최희양 박사

우린 알지요.

교수님께서는 편찮으신 어머님 수발을 21년, 외로운 장모님을 모시고 한 집에서 동고동락(同苦同樂)하는 효(孝)의 본(本)을 행하셔 대통령 표창을 받으셨습니다.

나이 들면서 엄마, 아빠를 생각하면서 막막한 가슴과 촉촉해진 눈 교수님이 행하신 효(孝)를 저도 비슷하게라도 따르리라 다짐합니다.

우린 알지요.

교수님께서는 31권의 저서를 집필하여 제자들에게 사랑의 사람, 섬김의 사람, 희생의 사람을 가르쳐 주신 것을 본받아 저도 사랑, 섬김, 희생의 사람이 되어 제자들에게 실천하도록 하겠습니다.

우린 알지요.

교수님께서는 결혼식 주례를 젊은 남녀들에게 30년 동안 집전하셨고 보호감호소인 청송, 청주, 제주 등의 수감자들에게 좋은 이야기를 해주셨고, 요양원에 계신 어르신분들께 노래 봉사를 수년간 하셨듯이 저도 어려운 곳에 계신 분들께 봉사하여 아름답고 행복한 사회를 만드는 한 사람이 되겠습니다.

우린 알지요.

교수님께서 가르치신 많은 제자 중 스승을 존경하는 강세영 박사는 교수님의 희수연(喜壽宴)을 차려드린 아름답고 멋진 제자입니다. 저도 교수님을 본받아 훌륭한 제자를 키워서 제자와 아름다운 동행(同行)하는 스승이 되겠습니다.

장원동 교수님
진심으로 감사드리며
앞으로도 저희 곁에
지금 모습으로 오래 계셔 주세요.
우리의 중심에 장원동 교수님이 계셔서
행복합니다.

2024.12.31
눈부시게 찬란한 햇살을 받으며
시인 최희양 박사 올림

인간다움의 실천

전신욱(前 서경대 교수)

「장원동」 박사님의 자전적 에세이집을 출간함을 진심으로 축하합니다.

러시아의 대문호 톨스토이의 단편집 "세 가지 질문"에서는 한 나라의 왕이 "인생을 살면서 나중에 후회하지 않을 가장 중요한 것들 중에, 첫 번째는 세상에서 가장 중요한 때'는 언제인가? 두 번째는 세상에서 가장 '필요한 사람'은 누구인가? 세 번째는 세상에서 가장 '중요한 일'은 무엇인가?에 관한 의문을 가지고 해답을 구했지만 만족할 만한 답을 듣지를 못했다고 한다. 그러나 신통한 대답을 듣지 못한 왕은 결국 지혜롭다고 널리 알려진 현자를 찾아가서 세 가지 의문에 대한 해답을 찾았다는 이야기이다. 톨스토이는 이 작품에서 첫째, 가장 중요한 때는 '바로 지금, 현재(現在)'의 이 순간이고, 둘째, 가장 중요한 사람은 '지금 너와 함께 있는 사람'이고, 셋째, 가장 중요한 일은 '네 곁에 있는 사람을 위해 좋은 일 선행(善行)을 베푸는 일이 세상에서 가장 중요한 것이며, 그게 우리가 살아가는 이유임을 말하고 있다는 것이다.

장원동 박사님은 톨스토이가 던지고 있는 세 가지 질문에 대한 가장 중요한 해답을 실제로 행하고 있는 분이라고 생각이 된다. 요컨대, 자신의 곁에 있는 여러 사람들에게 지금도 베풂과 사랑과 섬김을 실천하는 분인 것 같다.

세계적 뇌과학자 "게랄트 휘터(Gerald Hüther)"는 그의 저서 『존엄하게 산다는 것(Würde was uns stark macht - als einzelne und als Gesellschalt)』에서 "현대를 살아가는 많은 사람들은 인간이 마땅히 가져야 할 고유한 존엄(尊嚴)을 잃어버린 채 살아가고 있다. 존엄함을 잃어버린 자들은 다른 사람들 역시 존엄한 존재로 대하지 못하고 그저 서로를 수단(手段)으로 여기고 착취하며 그렇게 다 같이 빛을 잃어 간다"고 하였다. 또 저자는 "우리가 잃어 가는 존엄에 대한 개념과 "인간다움"을 연결하여 인간답게 살아가기 위한 조건으로 존엄(尊嚴)에 대한 회복"을 이야기하고 있다. 존엄을 지키는 것이 곧 "인간다움"이다. 남자는 남자다워야 하고, 여자는 여자다워야 한다. 하나님께서 창조하신 창조물인 여자가 남자답다거나 남자가 여자답다면 세상의 질서가 무너지고 혼돈에 빠질 것이다. 뿐만 아니라, 남편은 남편다워야 하고, 아내는 아내다워야 할 것이다. 부모는 부모답고, 자식은 자식다워야 한다.

사회적인 차원에서는 나이에 걸맞은 역할과 기능이 있을 수 있다. 젊은이는 젊은이다워야 한다. 노인은 노인다워야 한다. 노인은 중용(中庸)의 정신에 바탕을 두고 사물의 현상에 대하여 옳고그름을 판단할 수 있어야 하며, 예의가 있고, 사회의 길잡이가 될 수 있는 지혜로운 노인(어르신)이 되어야 한다. 노인이 고집이 세고, 막무가내로 행동한다면 존경받는 노인답지가 않다. 60세를 이순(耳順)이라 하여, 귀로 들으면 모든 것을 순리대로 이해하는 나이, 70세를 종심(從心)이라 하여, 마음이 원하는 대로 행동해도 법도에 어긋나지 않는 나이라고 했다. 노인이 노인다워야 존경받게 된다. 선생은 선생답고, 학생은 학생답고…

이런 측면에서 볼 때, 장원동 박사님은 가정에서는 아버지로서, 남편으로서의 「다움」을 그리고 자식으로서 효(孝)를 다하여 국가로부터 효자상을 받은 바도 있는 자식다움을 보여 주시고 있다. 대학에서는 스승으로서, 학자로서의 다움을, 그리고 후학들, 동료들, 제자들에게도 그리고 노인으로서의 모범적인 「다움」을 보이고 있는 모습이 정말로 아름답고 존경스럽다.

베푸는 교수님

윤의섭(전 서경대학교 교수)

智潭 장원동 교수님을 알고 지낸 지 벌써 30년 세월이 흘렀다. 학교에 재직하고 있을 때에는 '청수회'라는 모임을 통해 형식적으로 몇 차례 만나다가 정작 가까이 지내기 시작한 것은 정년퇴직한 이후부터다. 지금도 자주 만나는 것은 아니고 한 해에 두세 번 만나는 정도지만 전보다 훨씬 가깝게 느껴지는 것은 두 사람 사이에 몇 가지 공통점이 있다는 것을 알았기 때문이다. 예를 들면 술과 담배를 하지 않는다던가 노래 부르기를 즐겨한다던

가 여행을 좋아한다는 점이다. 가끔 장 교수님을 만날 때마다 깜짝깜짝 놀랄 때가 많다. 여기저기 구석구석 모르는 곳이 없고 길도 환히 알고 있어서다. 언제 그렇게 많이 다니셨는지 참으로 궁금하다. 그리고 노래는 어쩜 그렇게 잘하시는지 최신 유행곡까지 다 꿰고 정열적으로 부르시는데 기가 막힐 지경이다. 집안에 노래방을 설치해 놓고 싶다는 말씀이 괜한 소리가 아니다.

장 교수님은 성품이 참으로 온유하고 따뜻하시다. 그리고 늘 주변 사람들에게 베푸는 분이다. 가깝게 지내는 친지들이 많고 어디를 가나 종업원들이 반색하며 맞는 것도 그런 성품에서 비롯된 것이리라. 늘 자랑삼아 친구 얘기나 제자들 얘기를 하실 때면 참으로 사랑이 넘치는 분이라는 생각이 든다. 예전에 내 생질녀가 결혼할 때 장 교수님께 서슴없이 주례를 부탁드렸던 것도 그러한 성품을 익히 알고 있었기 때문이다. 그 아이는 지금 아들, 딸 남매를 낳고 잘살고 있다. 이 또한 주례 보신 분의 사랑 덕분이리라.

孝를 알고 말로만 외친 것이 아니라 그것을 몸소 실천하신 분이라는 점에서도 교수님은 존경의 대상이다. 교수님은 낳아주신 어머님은 6개월 만에 돌아가셨고 새로운 어머님이 중병으로 21년간 대소변을 받아내셨다. 그리고 홀로 사시는 장모님을 26년간 모셨다. 요즈음 세상에 어디 그리 쉬운가? 사모님의 효성과 함께 우리 모두의 귀감이 될 일이다.

장 교수님께서 자서전을 집필하신다니 어떤 이야기들이 쓰일지 기대된다. 당연히 힘들고 고생스러웠던 미국 유학시절 이야기가 빠질 수는 없겠지만 보다 따뜻한 이야기, 사랑이 넘치는 이야기를 많이 들려주셨으면 좋겠다. 늘 긍정적이고 적극적으로 살아오신 삶의 과정이 이 자서전에 고스란히 남아 있기를 기대한다. 그리고 그 삶의 결실이 우리 모두의 마음에 오래오래 남아 있으면 좋겠다.

평생교육(사랑, 섬김, 희생)의 실천

박창균(전 서경대 명예교수)

"장원동 교수님의 자서전 출간을 축하드립니다!"

이번 자서전을 통해 장 교수님(이하 교수님)의 삶을 더욱 깊이 있게 이해하는 기회가 될 것으로 기대합니다. 교수님의 치열한 삶은 주변 사람들에게 끊임없이 긍정적인 영향을 주었다고 생각되며, 특히 교수님의 효심은 많은 이들에게 귀감이 될 것이라고 생각합니다. 저 또한 교수님을 통해 많은 것을 배웠습니다.

저는 교수님에 대해 다음과 같은 세 가지 덕목을 가진 분이라고 감히 말씀드리고 싶습니다.

먼저, 교수님은 정말 효심이 특별하신 분입니다. 거동이 힘드신 자당님을 오랫동안 정성껏 보살핀 그 효심이 알려져 나라에서 대통령 표창까지 받으신 것으로 알고 있습니다. 자당님이 별세하신 후에는 장모님께도 효를 다하심으로써 교수님의 마음이 일회적이 아니라 일관적임을 보여주셨습니다. 오늘날 가정의 가치가 흔들리고 위협을 받는 세태에서 언제나 부모님과 가족을 생각하며 분주한 상황에서도 가족을 위해 헌신해 오신 교수님은 가정의 소중함을 일깨워 주신 분이라고 생각합니다. 효란 단순히 개인적인 덕목이 아니라 사회적 관계나 공동체 윤리의 출발점이 되며, 동서양을 막론하고 효는 여전히 가장 중요한 가치의 하나로서 사회 안정의 토대이기도 합니다.

공자는 효를 통해 사회 질서를 유지한다고 보았고, 맹자에게 효는 인간 본성을 실현하는 것이었습니다. 아리스토텔레스는 효가 가족과 사회를 연결하는 수단으로 본 것 같습니다. 이들의 공통점은 효가 단순히 부모를 섬기는 행위를 넘어, 인간관계의 기본이 되는 도덕적 가치라는 점입니다.

십계명에서 제5계명인 "네 부모를 공경하라"는 인간에 대한 계명 중에는 첫 번째 계명으로 그 위상을 차지하고 있습니다. 시대와 문화를 초월하여 인간이 지닌 보편적이고 당위적인 규범인 효는 오늘날에도 반드시 회복되고 강조되어야 하는데 교수님은 효의 모범을 보여주셨다고 생각합니다.

둘째, 교수님은 따뜻한 마음을 가진 분입니다. 어떤 사람과도 편안하게 대화하며, 진심을 담아 관심을 기울이고, 따뜻한 손길을 내미십니다. 주변 사람들은 교수님이 베푸시는 따뜻한 배려와 배울 점이 많다는 것을 잘 알고 있는 것 같습니다. 교수님이 보여주시는 것과 같은 친절하고, 타인의 감정을 존중하는 태도는 소통의 출발점이 된다고 봅니다. 힘든 일을 겪고 있는 사람에게 먼저 다가가 위로를 건네고, 기쁨을 나누는 교수님의 모습은 많은 이들에게 큰 위안을 주었을 것이라고 여겨집니다. 일반적으로는 상상하기 어려운 수백 번의 주례를 통해 새로운 가정을 이루는 젊은이들을 격려하셨다고 알고 있는데 이는 이웃에 대한 따뜻한 마음이 없이는 가능하지 않은 일이었을 것입니다.

셋째, 교수님은 대인관계가 원만하십니다. 이는 다양한 사람들과 원활하게 소통하고, 갈등 상황에서도 신속하게 문제를 해결하는 능력이 탁월함을 의미하기도 합니다. 교수님의 사람을 배려하는 마음과 열린 자세는 인간관계에서 신뢰와 소통을 원활하게 만든다고 합니다. 현대 사회는 자동 미디어의 발달로 소통이 원활해야 할 것 같은데, 편향된 정보의 지속적 주입과 확증편향으로 소통이 도리어 더욱 어려워졌습니다. 이러한 현실에서 단순히 원만한 인간관계에 그치지 않고, 따뜻한 마음에서 비롯된 소통을 실천하는 교수님이 계셔서 위안이 됩니다.

젊은이들과 소통하기 위해서 최신 유행가를 소화할 정도로 노력하셨다고 들었습니다. 그리고 가르치는 선생의 보람은 역시 사회에 자기 몫을 다하는 건실한 제자를 잘 키워내는 일일 것입니다. 존경심을 가지고 교수님을 각별하게 모시는 제자들을 두신 교수님은 참 보람이 크시리라 생각합니다.

그러므로 교수님은 31권의 저서를 통하여 우리들에게 교육이 중요성과 '효(孝)는 사랑의 인간을 만든다'라고 말하면서 모든 사람들에게 평생교육의 중요성을 다음과 같이 말하였다.

"교육은 단순한 지적인 천재나 잘난 사람을 만드는 것이 아닌 정직(正直)하고, 충실(忠實)하며, 건강(健康)하고, 부지런한 국민을 기르는 데 있다. 교육을 많이 받았거나, 좋은 학벌을 가졌다고 해서 반드시 훌륭한 인격을 갖추었다고 평가받을 수 없다."

그리고 교육이 개인주의 교육이 얻으려는 교육으로만 그친다면 그것은 전정한 의미의 인간교육이 될 수 없고 여기에 주려는 교육이 따라야 한다. 즉 그것은 사랑의 사람, 섬기는 사람, 회생의 사람이 되기 위하여 평생토록 노력하는 것이다.

자서전의 출간과 더불어 교수님의 책을 읽는 분들에게 효와 가정의 소중함을 일깨우고 따뜻한 소통을 진작시키며, 희망과 용기를 주는 소중한 기회가 되기를 바랍니다. 다시 한번 교수님의 자서전 출간을 축하드리며 항상 여유를 가지시는 가운데 건강한 나날을 보내시고 보람이 늘 가득하시길 빕니다.

교수님의 웃는 얼굴은 모두에게 선물입니다.

남승화(직업전문학교 교장선생님)

2017년 12월 연세대학교 총동문회 교육분과 상임이사에서 교수님을 만나 뵙게 되었습니다. 교수님의 첫인상은 하얀 피부에 윤이 나는 미남 얼굴이었습니다. 요즈음으로 말하면 얼짱 교수님이었습니다. 늘 모임 때마다 먼저 인사를 건네주시는 모습에 감동이었고, 자상한 매너는 교수님의 인격을 엿볼 수 있었습니다.

2021년 코로나로 인한 모임이 주춤할 때 교수님께서 연세사랑 모임을 만들어서 한 달에 한 번 만나는 모임에도 늘 사랑과 정성으로 다하심에 감동을 주시는 훌륭한 선배님이십니다.

교수님은 낳아주신 친어머님이 6개월 만에 돌아가셔서 새로운 어머님을 모시고 사시다가 어머님이 중병으로 누워서 대소변을 21년 동안 몸소 봉양하신 효자로서 대통령상을 받으신 분입니다. 이어서 홀로 사시는 장모님을 친아들처럼 26년 동안 정성과 사랑으로 모신 훌륭한 분입니다.

요즘 시대에 남들이 전혀 할 수 없는 헌신적인 부모사랑을 몸소 실천하신 분을 한 달에 한 번씩 만나서 서로 인생을 배우는 기회를 주셔서 진심으로 감사드립니다.

이 세상에서 빛과 소금으로 생활하시는 장원동 교수님께 감사드립니다. 자서전 발간 축하연에 주님의 사랑과 은혜로 함께 하시길 기도합니다.

남승화 직업전문학교 건물(원주시)

남승화 교장선생님과 즐거운 식사

멋진 교수님과의 만남

이병석 박사님(전 경민대학교 교수)

살아가면서 만남은 너무나 중요하다. 만남은 서로의 삶을 연결시키고 성장시켜서, 삶을 풍요롭게 만들기 때문이나. 따라서 한 사람이 누구를 만나느냐에 따라 그의 삶의 방향과 질이 달라지게 된다.

장원동 교수님과의 만남은 20여 년 전으로 거슬러 올라간다. 어느 날 후배인 민만식 박사가 정말 좋은 분을 소개해 주겠다는 연락이 왔다. 나와 같이 대학에서 교육학을 가르치시고, 무엇보다 성품이 훌륭하신 분이 있으니 같이 만나자고 했다. 10대 소년처럼 밝은 미소, 패셔니스트 같은 캐주얼 정장, 유쾌하고 편안한 대화가 교수님에 대한 나의 첫인상이다. 그렇게 시작된 만남이 20여 년이 지난 지금까지 지속되어 오고 있고, 그의 인품과 태도는 첫인상 그대로 한결같이 변함이 없다.

1년에 서너 번씩 3명이 만나기도 하고, 또는 부부 동반해서 만나기도 한다. 장 교수님과의 만남은 인생 후배인 나에게 항상 활력과 긍정의 에너지를 충전시켜 준다. 종종 풍광과 분위기 좋은 명소로 안내해 우리를 기쁘게 해주고, 또한 서프라이즈 선물을 준비해 와서 우리를 감동시키기도 한다. 우리가 기뻐하고 감동받는 모습을 보고 당신은 더 좋아한다. 교수님의 자상한 배려와 따뜻한 후배 사랑으로 우리의 인연이 지금까지 지속되어 왔다. 만나서 심각하거니 진중한 대화는 하지 않는다. 그저 유쾌하고 즐겁게 살아가는 이야기를 나눈다. 그러나 헤어져 집에 돌아가면서 생각하면 많은 삶의 지혜를 배운다는 것을 깨닫게 된다.

이 글을 쓰면서 장 교수님이 어떤 분이신가를 생각해 보았다.

교수님은 이 시대에 보기 드문 효자다. 21년 동안 손수 어머님의 대소변을 받아내실 정도로 지극 정성으로 어머님의 수발을 드셨고, 장모님도 26년을 모셨다. 장모님과 말벗 해드리는 것은 물론, 고스톱도 치고, 노래도 불러드리는 친구같이 다정한 사위였다. 부모님을 의무감에서 효도하는 것이 아니라 진정한 사랑의 마음으로 즐겁게 섬기셨다. 성경에 '네 부모를 공경하면 이 땅에서 생명이 길고 복을 누리리라'는 말씀이 있다. 장 교수님이야말로 이 땅에서 장수하고 많은 복을 받을 분이라는 생각이 든다.

교수님은 정말 사랑이 많으신 스승이다. 대학에 재직하실 때 제자 사랑은 말할 것도 없고, 심지어 은퇴한 후에도 제자들을 자상하게 잘 챙겨주신다. 제자들이 교수님의 이런 따뜻한 사랑을 기억하고 은퇴한 지 13년이 넘었는데도, 많은 제자들이 교수님을 찾아 사제간의 아름다운 관계를 이어가고 있다. 제자들에게 학문적인 지식을 넘어, 삶에서 본을 보임으로 지혜와 인성을 가르치고 진정한 스승이다.

교수님은 사랑의 전도사다. 교수님과 여러 번 노래방에 갔다. 노래방에 갈 때마다 교수님의 노래실력, 무대 매너, 분위기 장악력에 깜짝 놀란다. 50년 늦게 태어났더라면 아마 아이돌급 꽃미남 가수가 되셨을 것 같다. 역시나 교수님은 그 재능을 숨겨두지 않고, 복지관이나 요양원을 찾아다니면서 많은 어르신들을 즐겁게 하는 자원봉사를 하고 계신다. 누군가를 행복하게 해주고 주위에 선한 영향력을 미치는 교수님의 삶은 사회에 큰 귀감이 된다.

교수님, 교수님은 효도하는 아들, 훌륭한 가장, 존경받는 교육자로서 멋진 삶을 살아 오셨습니다. 더도 말고 덜도 말고 지금까지와 같이 멋진 삶을 계속 이어가시길 바랍니다. 하나님께서 교수님의 건강과 가정의 평안을 지켜주시길 기도합니다.

교수님, 사랑하고 존경합니다.

우리의 슈퍼맨! 장원동 교수님

양애경(한서대학교 교수)

교수님 인생관

삶을 그렇게 멋지고 아름답게 살 수 있을까요?

'열정, 감정, 전문성(프로다움), 지성, 외모'까지 이 시대에 자타가 인정하는 공인! 슈퍼맨! 당신은 부모님을 진정으로 사랑하여 국가로부터 대통령 표창 효자상을 받으신 누구나 존경하는 교육자이십니다.

이 세상의 행복의 조건은 자기 자신에게 있다는 것을 실천하시는 장원동 교수님! 매사에 긍정적이고 적극적이며 뜻하신 일들은 꼭 이루시는 분! 주어진 일에 항상 최선을 다하시고 철저히 준비하시는 분!

우리의 진정한 멘토이십니다.

열정

모든 일에 최선을 다하시고 '선택과 집중'을 하시는 모습!

노래하실 때의 교수님은 특히 보라색 슈트 정장이 잘 어울리는 소년이고 또 어린왕자의 순수함을 지닌 아름다운 청년이십니다.

주어진 상황에 올인하시고 '지금' 이 순간에 최선을 다하시는 모습. 그래서 교수님이 하시는 모든 일에는 활력이 있고, 에너지가 느끼지는 분! 그분이 바로 장원동 교수님입니다.

감성

4차 산업혁명시대에 살고 있는 우리 모두는 이제 IQ보다 EQ가 더 우선시 되는 세대입니다. 자신과 타인의 감정을 인지하고 감정을 다스릴 줄 아는 통제 능력, 공감능력! 이것이 바로 감성지능 입지입니다. 장원동 교동은 감정지수가 아주 뛰어난 분이십니다. 누구에게나 어디에서나 시공간을 초월하여 모든 사람들과 소통할 줄 아는 분! 그분이 바로 장원동 교수님입니다.

프로다움(전문성)

평생에 1~2권 책을 내기도 어려운데 30여 권이 넘는 전문서적을 집필하신 교수님! 방학 때마다 책을 집필하실 정도로 프로다움과 전문성을 지니신 장원동 교수님!

겉으로는 매우 부드러우나 속은 매우 강하진 '외유내강' 같으신 분, 약한 자에게는 한없이 약하시고 강한 자에게는 더 강하신 서번트 리더십을 실천하시는 진정한 휴머니스트! 그분이 바로 장원동 교수님이십니다.

선구자

저는 학교에서 교직자로 있으면서 가장 존경하는 교수님이 있어서 참으로 행복합니다. 제게 가장 존경하는 교수님을 뽑으라면 저는 주저 없이 장원동 교수님이 으뜸입니다. 저와 장 교수님의 인연은 어언 20년 지기입니다. 때로는 좋은 스승으로, 때로는 좋은 멘토로서 때로는 좋은 선배로서 함께 책도 집필하고 지난 20여 년을 함께 동행한 로얄 패밀리입니다.

존경하는 장원동 교수님 지금처럼 건강하세요!

장원동 교수님께 바치는 시 (양애경 시인)

양애경 시인(한서대학교 교수, 교육학 박사, 현대작가회 회원)

좋은 사람

시/ 양애경

라벤더 향기를 지닌 사람을 알고 있다.
그 사람의 향기는
주머니 속에도 있고 가방을 열어
보아도 담아져 있다.

향기의 사람은 아침에도
저녁에도 날마다 동행을 한다.

가끔은 목소리가 듣고 싶어
나도 모르게 연락을 하고 있다.
알고 보니 오동나무의 향기를
지닌 사람이다.

만남이 기쁨이고
생각하는 것이 소풍 가는 마음이다.

흐르는 것이 생명의 강물이듯
그 사람의 향기는 희망이다.

좋은 사람의 향기를 지니며
산다는 것은 행복이다.

마중물 2

시/ 양애경

한 바가지의 물이
님의 말씀이었다.

어둡고 컴컴한 세상에서
나의 길을 인도해 주는
길잡이의 진리였다.

갈팡질팡 마음이 요동칠 때
선택의 안내가 되어 주었다.

창밖으로 펼쳐지는 풍경을 바라
보면 한 발짝씩 뒤로 물러서서
나를 보게 하고

다급해진 마음은
한결 차분해진다.

2.
제자들 이야기

서경대학원 제자들 송년모임

인생의 스승님

신동규 선생님(전 고은초등학교 교사)

　서경대학교 교육대학원에 입학하여 온화한 미소의 미남이신 장원동 교수님을 처음 뵙게 되었다. 강의를 학생들에게 진지하면서도 열성적으로 해주시면서 가끔씩 교수님의 미국 유학 시절에 있었던 경험담을 재미있게 이야기해 주셨다. 부모님, 아내, 아이들을 떠나서 5년 동안의 고생 끝에 교육학 박사학위를 취득하면서 경험하신 여러 이야기들은 우리에게 좋은 정보였다.

　귀국하셔서 국회 정책위원(2급 이사관), 서경대학교 교수로 재직하시면서 제자들에게 존경을 받으시는 모습이 너무 좋았다.

　특히 가정에서 교수님의 어머님에 대한 효성이 남다르셨다. 21년 동안 누워계신 어머님을 위하여, 대소변, 목욕 등 긴 세월을 보건교사인 사모님과 뒷바라지하신 정성 그리고 어머님이 돌아가신 후에는 장모님을 한 집에서 26년 동안 100세까지 지극 정성으로 모시는 일 등을 강의 시간 속에 들으면서 교수님에 대한 존경심을 갖게 되었다.

　또한 대학원 학우 친목모임을 주선하셔서, 생일축하모임으로 서로의 우정과 경험담을 나누도록 만들어주신 인생의 스승님이 되어 주셔서 진심으로 감사드린다.

　장원동 교수님의 넓으신 인품으로 제자들과 호흡을 같이 하면서 서로의 사랑을 베풀어 주시는 멋진 스승님이라고 생각한다.

항상 건강하시고 만날 때마다 기쁨, 사랑이 넘치는 모임으로 우리들을 이끌어 주시길 기원합니다.

사랑합니다. 교수님.

사랑과 존경의 우리 교수님

김영수 교장선생님(동원중학교 교장 퇴임)

교수님과의 만남

교수님을 처음 만난 지 23년 정도 흘러간 것 같다. 대학원에서 학과장님으로 모시게 되었는데 저희 강의를 담당하시고 다방면으로 저희를 지도하셨다. 첫 강의 시간 교수님은 다른 분과 다르게 인자하신 모습으로 학생들 한 사람, 한 사람의 이름을 불러주시면서 사랑스런 눈길로 눈을 맞추며 관심을 가져 주셨던 것으로 기억된다. 강의도 열정적으로 잘 하셨지만 제자들 모두에게 친절하고 마치 초등학교 학생들 대하듯 보살펴 주시는 모습이 내 눈에는 참 낯설게 느껴지면서도 인상적이었다.

가끔 수업이 끝나고 교수님과 같이 저녁 식사를 가더라도 먼저 음식점을 예약도 해 놓으셨고 식사 메뉴도 일일이 챙겨주시는 자상하신 교수님이셨다. 지금도 제자들이 나서기 전 벌써 교수님이 음식점도 지정해서 예약해 놓으시니 참 때론 면목이 없을 때가 많아서 죄송할 따름이다.

관심과 사랑의 우리 교수님

마음은 있어도 행동으로 교수님을 제대로 대접하지 못하였는데 교수님은 늘 제자들에 대한 관심을 행동으로 보여주신다.

13~4여 년 전 대학원을 졸업하고 50대 후반에 나의 생일을 한 이틀 앞두고 있던 날 교수님으로부터 전화를 받게 되었다. 생일을 물으시는데 이미 아시고 집 가까운 곳에 볼 일이 있으니 잠깐 만나자는 말씀을 하셨다. 교수님을 만나 뵈었더니 일이 있어서 오신 게 아니고 제자의 생일을 기억하시고 선물과 함께 저녁 식사를 사주기 위하여 일부러 먼 거리를 오신 것을 알게 되었다. 가족이 아닌 분에게 이런 환대를 받아 본 것이 처음이라 좀 어리둥절했지만 그때 교수님의 따뜻한 관심과 사랑을 진심으로 느끼게 되었다. 그 외에도 많을 것을 베풀어 주셔서 교수님의 큰 은혜를 어찌 갚을 수 있을지 걱정이 앞서기도 한다.

그 뒤로도 제자들 승진 때나 퇴임 때 교수님의 따뜻한 마음은 우리를 늘 감동하게 했다. 올해 초 퇴임을 앞 둔 제자의 학교를 찾아가서 그간의 노고에 격려와 위로를 해 주신 것도 교수님의 따뜻한 사랑의 마음을 보여주신 것이라고 생각한다.

멋과 열정의 우리 교수님

대학원 졸업 후 바쁘다는 핑계로 같이 공부를 했던 학우들과의 만남이 자주 이루어지지 못했다. 그런 제자들에게 교수님은 동기들보다 더 열심히 연락을 주셨고, 또 모임 제의를 하셔서 만나게 되었다. 전적으로 그 모임은 교수님의 제자사랑 덕분에 제자들이 힘들이지 않고 다시 모이는 계기가 되어 늘 교수님에게 감사한 마음을 갖고 있다. 때론 모임 후 카페나 노래방을 가는 경우가 있는데 늘 새로운 카페도 안내해 주시고 노래도 많은 곡을 알고 계셔서 누구보다 열정을 다하여 제스쳐를 하시며 노래를 부르시는 모습은 가수를 능가할 정도이다. 교수님의 열정과 멋을 부럽게 느끼며 삶의 동기부여를 받곤 했다.

모든 일에 귀감이 되시는 교수님

교수님은 오랫동안 장모님을 지극히 정성을 다하여 모시고 사셨다. 장모님을 26년간 마치 친어머니 모시듯 살갑게 대하셨는데, 2023년 100세로 삶을 다하셔서 천국에 가셨다. 많이 아쉬워하시는 모습에 안타까웠다.

교수님 주변에는 아주 다양한 지인들이 계신 것 같다. 해군 제독, 동료 교수, 다양한 분야에서 활동하는 제자 등 헤아릴 수 없을 정도로 많은 분이 계시지만 어느 누구에게도 소홀함이 없으셔서 늘 친분을 오랫동안 유지하시는 모습을 사진 등을 통해 보여주신다. 그 밖에도 교수님이 보여 주시는 여러 방면에서의 일상들이 제자들에게는 큰 귀감이 되고 있다.

남은 생은 교수님처럼 살아야 하지 않을까? 하는 모범적 삶의 기준을 제시하시는 우리 교수님! 정말 존경하고 사랑합니다. 교수님! 늘 저희 곁에서 건강히 오래오래 계셔주시길 부탁드립니다. 감사합니다.

제자 김영수.

좋은 인연에 대해 가르쳐주신 교수님
황명신 선생님(현 동북초등학교 교장)

1. 교수로서의 장원동 교수님

장원동 교수님은 제가 2000년도에 교육대학원에 입학하면서 지도 교수와 제자로 처음 만났습니다. 교수님을 알게 된 세월이 벌써 24년을 넘어가고 있네요. 당시에는 대학원 지도 교수님이 누구이실지 궁금한 마음 반, 걱정스러운 마음 반이었습니다. 직장에 다니면서 집안일도 해야 하고, 아이들도 키우고 있어서 대학원에 다니기가 쉽지 않은 형편이었기 때문입니다. 하지만 힘든 만큼 배우고 싶은 마음도 많아서 교육대학원에 입학은 했지만, 지도 교수님이 이해심이 많은 분이길 내심 기대했으니까요. 그런데 지도 교수이신 장원동 교수님은 하얀 피부에 미남 얼굴이셨습니다. 교수님은 수업 시간마다 직장을 끝내고 강의를 들으러 오는 우리를 위해 강의 준비를 많이 해 오셨고, 교사로서 알아야 하는 교육 관련 지식 외에도 부모로서 지녀야 할 자세, 평생을 살아가야 하는 우리의 태도에 대해서 강의를 해 주셨습니다. 교수님의 강의는 지식에서만 머무는 것이 아니라, 살아가면서 저에게 정말 필요한 삶에 대한 태도와 지혜에 대해서 많은 가르침을 주셨습니다.

2. 좋은 인연에 대해 가르쳐 주신 교수님

인간관계에서는 헤어짐이 기본이라고 합니다. 인생에서 만난 거의 모든 사람과 언젠가는 이별하고, 그렇게 만남과 헤어짐을 반복하는 것이 인생이라고 합니다. 저는 친하게 지내던 사람과 헤어지는 아픔을 겪고 나서 인연 같은건 힘들다고 생각하며 살고 있는 저에게 교수님은 좋은 인연을 평생 만들고 유지할 수 있다는 것을 가르쳐 주신 분이십니다. 교수님은 제가 바쁘다는 핑계로 연락을 안 해도 항상 '허허허' 웃으시면서 전화와 문자로 주고받으시곤 하셨습니다. 어른이라고 대우를 받으려 하기보다는 친구가 되어 주시고, 만나면 밥도 잘 사 주셨지요. 저의 딸이 결혼한 것은 대학원을 졸업하고도 10년 이 더 지난 다음이었는데, 교수님이 어떻게 소식을 들으셨는지 일부러 만나자고 연락하셔서 축의금을 두둑히 주신 적도 있었습니다. 당신이 그렇게 항상 먼저 연락하고 베푸시는 분이시기에 교수님 주위에 좋은 친구들이 많으신 것이겠지요. 교수님을 보면서 기다리지만 말고, 내가 먼저 연락하면서 스스로 노력해야 좋은 인연을 계속 이어갈 수 있다는 배움을 얻었습니다.

교수님께 강의를 들은 사람은 누구나 기억하겠지만 강의 시간에 유서를 써서 발표한 것은 잊지 못할 추억이었습니다. 유서를 쓰면서 지금까지의 삶에 대해 진지하게 되돌아보게 되었고, 주위의 소중한 사람들을 생각하게 되었으며 앞으로 내가 살아가야 할 모습은 어떤 것인지에 대해서도 생각해 보는 소중한 시간이었습니다. 울지 않는 사람이 없을 정도의 숙연한 시간이었던 유서 발표 시간은 같은 학과 동료들끼리도 서로에 대해 더 깊이 알게 되고 이해하게 되는 시간이었습니다.

또 제가 논문을 써야 하는 마지막 학기에는 팔이 부러져서 너무도 힘든 상황이었기에 논문 쓰는 것을 포기하려고 했습니다. 하지만 계속해서 교수님께서 많은 것을 도와주시면서 용기를 주셔서 교수님께 죄송해서 포기하지 못하고 시작했던 논문을 교수님 덕분에 어렵지 않게 끝낼 수 있었습니다. 이런 교수님이 노래방에 가시면 노래도 잘하시고, 젊은 사람보다 더 흥이 넘치시는 분이랍니다. 정년퇴직을 하신 이후에도 끊임없이 연구하고, 책을 쓰시고, 사회 봉사활동을 하시는 등 인생을 즐기며 열정적으로 살아가시는 교수님이 정말 멋있습니다.

3. 효와 사랑을 실천하시는 교수님

교수님은 한 집에서 새어머니와 장모님을 모시면서 효를 실천하신 분으로도 유명한 분입니다. 병석에 누워 계시는 새어머니를 20년 넘도록 똥도 닦아드리고, 직접 목욕도 시켜주셨다. 장모님은 100세가 되어 이별할 때까지 26년간 친아들처럼 돌보셨습니다. 효자로서 대통령상을 받으셨다는 것만으로 그 세월과 희생을 보상하기에는 너무나 부족한 결과겠지요? 그럼에도 희생이라 생각하지 않으시고 기쁘게 효를 실천하신 교수님이 저로서는 경이롭기만 합니다. 교수님 부인이신 정인숙 여사님은 시립 동대문 실버케어센터에 다니시면서 교회에서 봉사활동을 하며 지내고 계십니다. 교수님의 부모 모시는 사랑으로 효를 실천하고, 요양원 노래봉사로 행복을 느끼시는 것을 보며 인생을 어떻게 살아야 하는지를 많이 생각하게 됩니다.

제가 지금까지 알고 있는 장원동 교수님은 이런 분입니다.

밥 잘 사 주시는 교수님!
노래를 잘 하시는 교수님!
책을 많이 선물해 주시는 교수님!
인생을 즐길 줄 아는 교수님!
주위에 친구가 많으신 교수님!

어떤 상황에서도 찡그리거나 화내지 않고
너그럽게 이해해 주시는 교수님!
'긴 병에 효자 없다'는 옛말이 틀렸음을 몸소 실천으로 입증하신 교수님!
소심한 제사까지 챙기시며 기쁨과 슬픔을 함께해주시는 교수님!
지금까지도 연구하고 책을 쓰시는 교수님!

교수님,
당신이 있어 인생에서 중요한 것이 무엇인지를 배울 수 있었습니다.

장원동 교수님! 사랑하고 존경합니다.

장원동 교수님과 나

이용표 (전 상원중학교 교감)

교수님과의 인연은 2005년 봄부터 시작되었으니 어언 20년의 시간이 흐른 셈이다. 대학원 신학기 첫 수업 강의실에 들어서시는 교수님은 남자인 내가 보아도 세간의 연예인보다 훨씬 멋진 서양 신사의 모습이셨다.

강의하시는 모습은 이외로 부드러운 목소리로 다정다감하면서도 세부적인 내용까지 이해하기 쉽게 자상하게 풀어 주시었다. 한 학기가 끝나면서 감사의 인사로 식사를 모시고 나서 노래방으로 자리를 옮겼다. 거기서는 또 다른 교수님의 열정을 느낄 수 있었다. 제자인 우리들보다도 최신 가요를 더 많이 아실 뿐 아니라 아마추어의 솜씨를 몇 단계 뛰어넘는 가창 실력에 우리 모두는 눈이 휘둥그레졌고 귀는 묵은 때를 벗겨내는 것 같았다.

지도교수님으로 2년 반을 모시고 배우고 나서 졸업 후 지금까지 교수님께서 구심점이 되시어 우리 동기회의 모임을 이끌어 주시고 있다. 강의실에서의 학문적인 부분은 말할 것도 없고 모임이 거듭되면서 지금은 인생의 스승으로서 일상생활에서 모범을 보여 주시어 우리 모두 감화 감동하여 미약하게나마 교수님을 닮아가려고 노력 중이다.

교수님과 사모님은 자당 대소변 수발을 21년, 동시에 장모님을

26년 정성으로 모시어 김영삼 대통령으로부터 대통령 표창을 수상하시었다고 알고 있다. 가정에서는 더 없는 효자이면서 다 알 수 없지만 교수님께서 주신 친구분들의 자서전을 보고 미루어 짐작컨대 한 번 맺은 인연은 끝까지 소중하게 이어가고 흔들리지 않는 신의로 깊고 넓은 인간관계를 맺고 계시는 모습 또한 우리에게 귀감이며 사표가 되고 있다.

재학 당시 교수님께서 내 어머니 무릎이 안 좋으시다는 말씀을 들으시고는 사모님께 말씀을 하셨는지 강남의 모 여고 교사로 재직 중이시던 사모님을 통해서 명의를 소개받아 수술을 받으셨다. 입원 중에 사모님께서 병문안까지 와 주셔서 교수님과 사모님 모두 정성으로 대해 주시는 모습에 감동하였다.

은퇴하시고 상당한 시간이 지나고 있지만 지금도 처음의 열정으로 집필활동을 지속하시어 한두 해마다 저서를 한 권씩 건네주시는 모습이 우리에게 충전기를 꽂아 주시는 듯하다.

교수님과 처음 인연을 맺고 20년 가까이 시간이 지나 송구스런 말씀이지만 이제는 우리 제자들도 머리에 흰 눈이 내려 세월의 흐름을 실감케 한다. 그럼에도 교수님은 처음의 젊음과 열정을 그대로 보여주시어 이 또한 우리가 닮아가려고 노력하는 부분이다.

교수님과 사모님께서 늘 건강하시고 행복하시기를 축원드리며 우리의 모임에도 끝까지 구심점이 되어 주시기를 간절히 바랍니다.

교수님 내외분 건강하시고 행복하세요.

교수님의 멋진 삶의 전파
장석원(전 신일비즈니스고등학교 교감 선생님)

제가 장원동 교수님을 서경대학교 교육대학원에서 만나 뵙고서 스승과 제자로서 지낸 세월이 벌써 20년이 되어 갑니다. 교수님은 예나 지금이나 항상 동안의 얼굴로 우리 제자들을 한결같이 넉넉한 인품으로 사랑을 베푸시는 멋진 스승님이십니다.

교수님이 타 대학교 출강은 물론 청송, 제주교도소 등의 특강 그리고 젊은 남녀들의 결혼식 주례를 30년 동안 730쌍 집전하시어 사회적 봉사를 하시는 역할도 하셨습니다. 또한 교수님과 관련된 일화 중에서 현대를 살아가는 사람들에게 지금도 감동을 주는 것은 병든 어머님을 21년간 몸소 수발하셨다는 점입니다. 친모가 아닌 계모님을 돌아가실 때까지 병수발하신 것은 저에게는 도저히 흉내도 내기 힘든 넘사벽이며 큰마음의 울림을 심어 주는 부분입니다. 드디어 1997년 5월 8일 청와대에서 김영삼 대통령으로부터 효자상을 받으셨습니다. 서경대학교 민병천 총장님은 장원동 교수님을 학생들에게 소개할 때 '효자 교수님이십니다'라고 말씀하십니다.

교수님께서는 퇴직하신 후에도 우리 제자들에게 인생의 후반기를 어떻게 살아가야 할지 삶의 모범을 보여주시면서 여전히 저희들에게 인생의 가르침과 교훈을 주시고 계십니다. 젊은이들에게 결혼식 주례도 하시고, 사모님이 근무하시는 노인요양원에서 노래봉사도 하시면서 인생을 베풀고 나누면서 아름답게 만들어 가시고 계시는 교수님의 제자로서 긍지와 자부심을 느끼게 됩니다.

교수님의 멋진 삶의 행적이 널리 알려져서 봄날의 매화나 여름날의 난초처럼 은은한 향내를 풍기며 많은 분들에게 선한 영향력을 끼쳤으면 합니다.

교수님 항상 존경하고 언제나 사랑합니다.

인연의 시작

신홍섭(전 수유초등학교 교감)

우리 집 뒷산에 있는 서경대학교는 나에게 큰 선물을 안겨 주었다. 2000년 초에 서경대학교 교육대학원에 '교육행정학과'가 처음으로 개설되었다. 첫 학기 강의 시간에 지도교수 장원동 교수님과의 인연이 시작되었다. 잘생긴 외모처럼 출중한 강의 능력을 겸비하신 분이셨다. 강의를 들을 때마다 효심이 누구보다도 지극하고 몸소 실천하시는 모습이 귀감이 되었다.

5학기가 끝나고 석사학위를 받아 감격에 찬 교직생활을 하고 있었는데, 서경대에 '상담심리학과'가 새로 개설된다는 소식이 들려왔다. 조금도 망설이지 않고 지원하여 두 번째 대학원 생활이 시작되었다. 경기도 재직교사 세 분, 서울 재직교사 네 분과 함께 배움의 시간이 5학기 동안 계속되었다. 이번 상담심리학과에서는 장 교수님의 진면목을 더 자세히 알게 되었다. 병든 어머님을 21년간 몸소 수발하시고 장모님을 26년 모신 지극한 효행을 실천하고 계신 것을 알게 되었다. 사실 나도 아버지를 모시고 산 지 얼마 안 되어서 교수님의 효행이 본보기가 되었고 내 인생의 멘토가 되었다.

두 번째 석사학위와 상담심리 1급 자격증을 받으며 5년의 대학원 생활이 끝나가 하던 차에, 장 교수님의 주선으로 상담심리학과 동기생 모임이 시작되었다. 이 모임은 현재까지 약 17년간 지속되고 있고, 퇴임 후 제2의 인생을 살아가는 중이다. 사는 동안 여러 모임이 있었지만, 이 모임은 나에게는 행운이었고 인생의 가장 큰 선물이다. 작은 인연의 시작이 얼마나 소중한지 깨달았고, 이 모임은 내 인생 끝까지 계속되리라고 믿는다. 이 모임을 주선하고 잘 이끌어 주신 장원동 교수님께 깊은 감사를 드리고 싶다.

스승과 제자의 45년 만남

박동우(전 조선호텔 과장)

안녕하세요.

저는 장원동 교수님께서 항상 저를 눈에 넣어도 아프지 않을 애제자라고 말씀하시는 제자 중 한 명 박동우입니다.

교수님과 저와의 첫 만남은 강원도 원주 상지전문대학 관광과 2학년 때 교수님이 학과장으로 오셨고 저는 과대표로 첫 만남이 시작되었습니다. 스무 살 끓는 피와 정의감이 솟구칠 그 혈기 왕성할 때에 우리 젊은이들은 서슬 퍼런 군부 독재 유신 말기인 1979년도였습니다.

우리는 머리도 기르고 싶고 통기타 메고 다니며 노래도 부르고 춤도 추고 싶던 시절이었습니다. 그때는 그런 것도 아랑곳하지 않고 제멋대로 행동한 그런 기억밖에 없습니다. 유신 독재하의 거리는 장발, 미니스커트, 퇴폐 풍속 단속, 음주 가무로 파출소에 끌려간 기억도 있고, 수많은 기억하고 싶지 않은 에피소드, 정부와 학교에 불만을 표출할 줄 알았지만 불만을 표출할 수 없었던 암울한 시대였습니다.

교수님은 지금도 그러하시지만 당시 젊은 교수님으로 정의, 의리는 안 따지시고 항상 교육자의 본분으로 젊은이들을 이해하시려고 올바른 길을 안내하시는 가이드 역할을 열심히 하셨습니다. 그때의 교수님도 젊으시니 지금보다 훨씬 잘 생기시고 매너 좋으신 분이셨습니다.

그해 우리는 1년의 짧은 시간을 마치지도 못하는 불운을 맞이하였습니다. 그 해 10·26 사태로 인하여 학교는 폐교령이 떨어져 졸업시험도 없이 80년에 졸업하고 졸업식장에서 교수님과 기념으로 씩은 사진만 있네요.

남자 동기들은 신군부하에 군에 입대하고 제대 후 교수님을 찾으니 미국으로 유학을 가셨다는 소식을 접하고 저는 전공을 찾아 호텔에 입사하고 직장 잘 다니며 살고 있었습니다. 그러면서 남자 동기들과 함께 사회생활을 하며 유대를 갖고 있는 저는 지금도 친구들에게 과대표입니다.

교수님과의 재회를 하게 된 동기는 기억에 없습니다. 교수님이 국회에서 정책위원으로 근무하실 때로 기억합니다. 아마 제가 조선호텔 다닐 때 교수님 친구분이 저의 상사로 근무하셔서 그 분(신충식 형님)에게 소식을 받아 다시 재회를 하게 되었습니다.

그 후로 교수님과 몇몇 남자 동기들과 충주 수안보 한화콘도에서 저희 동기들을 불러 재미있게 놀던 기억이 납니다. 당시 노래를 너무 잘 부르셔서 놀라 묻게 되었습니다. 교수님의 취미가 원래 노래하시는 거라고 하시면서 노래하시면서 휘파람을 얼마나 잘 부르시던지 너무 부러웠습니다. 제가 서경대학교를 방문했을 때, 교수님께서 1997년 5월 8일 청와대 김영삼 대통령으로부터 병환으로 누워계신 어머님을 21년간 수발하시어 효자상을 받으셨다고 말씀하신 기억이 납니다.

교수님 댁을 처음 찾아뵌 것은 상지전문대학 졸업 전에 인사차 아현동 교수님 댁을 찾아갔습니다. 신부드레스 전시장이 많았던 아현동에서 대대로 토박이로 오랫동안 사셨다고 하셨습니다.

지금도 교수님은 저에게 다른 제자들 잘 있냐는 안부를 먼저 묻습니다. 그리고 꼼꼼히 제자들 이름을 대며 누구는 어떻냐? 그리고 누구는 어떻게 지내는지? 하시면서 묻습니다. 제자 사랑이 남다르십니다. 고등학교 때 담임 선생님과 통화하면 선생님은 저의 일상만 물으시지 다른 제자들 기억도 못 하십니다. 그런데 교수님은 친화력과 관심 그리고 한번 맺은 인연의 끈을 놓지 않으려는 노력을 많이 하십니다. 사실 교수님과의 인연을 유지하는 것은 저희의 열의보다는 교수님께서 제자 사랑하시는 끈이 질겨 유지되는 것입니다.

전화통화하면서 교수님께서 저의 근황을 물으셔서 요즘 "어릴 적부터 하고 싶었던 공부를 지금 하고 있습니다."라고 말씀드리면, 정말 잘한 일이라고 칭찬을 아끼시지 않습니다. 제 나이 70을 바라보는 60대 후반에 방송대에서 농학 공부를 하는 것을 노욕이기도 한 것 같다고 말씀드리니 제자 중에 자네가 평생교육을 실천하는 눈에 넣어도 안 아플 제자라고 또 그러시네요. 이제 늙은 제자에게도 많은 용기를 주시는 분이십니다.

〈교수님은 이런 분이십니다〉
- 효자상을 타신 부모님 공양을 실천하신 효자이십니다.
- 결혼식 주례를 통하여 젊은이들에게 희망을 주는 분입니다.
- 교육학 박사이시면서 몸소 유아 교육에 헌신하신 분이십니다.
- 지금도 노래로 요양원 노래 봉사를 몸소 실천하신 분이십니다.

장원동 교수님은 교육학자로 흥도 많으신 분이십니다. 그리고 가족 사랑도 남다르시며 나보다 이웃 사랑을 실천하시는 분이십니다. 제가 존경하는 장원동 교수님의 자서전에 한 마디 글을 올릴 수 있는 기회를 주셔서 감사드립니다. 교수님 남은 여생 건강하고 행복하시기를 기도드립니다.

교수님과의 인연은 제 인생에 큰 변화를
이광식 과장(일본 Toyo Engineering 한국법인 해외영업 팀장)

1994년 서경대학교 법학과에 입학한 이후, 우연히 교수님의 수업을 듣게 되면서 시작된 교수님과의 인연은 제 인생에 큰 변화를 가져다주었습니다. 재학 중 교수님의 조교로 생활하며 많은 것을 배웠고, 1999년에는 해외에 대한 지식이나 경험이 전혀 없던 저에게 교수님의 따뜻한 조언과 추천으로 전혀 미지의 세계였던 러시아 하바롭스크로 교환학생을 다녀올 수 있게 되었습니다. 이 경험은 저에게 글로벌 해외 영업 인재로서의 경력을 쌓을 수 있는 중요한 전환점이 되었습니다.

졸업 후, 러시아 블라디보스토크와 카자흐스탄에서 근무하며 다양한 경험을 쌓을 수 있었던 것도 교수님의 조언과 지도가 있었기에 가능했습니다. 2008년 글로벌 금융위기로 인해 회사를 잠시 쉬게 되었을 때, 교수님께서 따뜻한 위로와 조언을 해주신 덕분에 다시 일어설 수 있었습니다. 2009년 캐나다에서의 충전과 비즈니스 영어 연수도 교수님의 격려 덕분에 가능했습니다.

2010년 이후 동부건설 해외영업팀에서 근무하며, 2011년 결혼식에서는 교수님께서 주례를 서주셔서 큰 영광이었습니다. 현재는 일본의 3대 플랜트 회사 중 하나로서 주로 석유화학, 정유, 가스, 발전 및 환경 등 다양한 분야에서 엔지니어링, 조달, 건설

서비스를 제공하는 글로벌 엔지니어링사인 Toyo Engineering 한국 법인의 해외영업팀에서 재직 중이며, 여전히 교수님의 따뜻한 조언과 지도가 언제나 큰 힘이 되고 있습니다.

교수님께서는 졸업 후에도 인생의 위기마다 곁에서 참스승으로서 함께 해주셨습니다. 진로는 물론이고, 결혼 그리고 건강하고 행복한 인생을 살아가는 데 큰 힘과 도움을 주신 은사이십니다. 교수님께서 보여주신 따뜻한 마음과 지혜는 제 인생의 나침반이 되어주셨습니다.

장원동 교수님은 서경대학교 아동학과에서 평생교육과 성인학습을 연구하시며, 저뿐만 아니라 많은 학생들에게 큰 영향을 주셨습니다. 교수님의 다양하고 깊이 있는 연구 및 강의 중, 특히 평생교육과 관련된 부분은 당시에도 상당히 인상 깊었으나, 추후 기나긴 인생을 살아가면서 한 가정에서 부모로서, 자녀로서, 그리고 직장인으로서도 모두 해당될 수 있는 중요한 인생의 가르침으로 마음속 깊이 자리 잡았습니다. 또한, 교수님께 느꼈던 여러 좋은 영향 중에서, 특히 꾸준히 여러 권의 저서를 집필하시며 항상 연구 및 학습에 정진하시던 모습이 기억에 남습니다. 그 중에서도 '교육원리', '부모교육', '현대인의 건강과 교육', '평생교육과 평생학습' 등 31권의 저서가 있습니다.

교수님께서 주신 가르침과 조언을 가슴에 새기며,

건강하시고 행복하시길 기원합니다.

앞으로도 열심히 살아가겠습니다.

감사합니다.

주례를 서 주신 교수님

고형태(KG케미칼 중부지점 경기사업소장)

"학생이 반장을 한 번 해보겠나?"

군 제대 후 저는 취업이라는 바늘구멍을 통과하기 위해 더 열심히 해보자는 각오로 교양 수업에서도 맨 앞자리에 앉아 수업에 참여하였습니다. 그 당시에 저는 친구들보다 1년 정도 늦게까지 학교 생활을 하게 되면서 취업 장벽을 의식하지 않으려고 했지만 저도 모르게 스트레스를 받고 있었던 것 같습니다. 하지만 교수님께서 제안해주신 반장이란 직책은 저에게 새로운 활력소가 되었습니다.

경제학을 전공한 졸업생이 아동학과 교수님과 이러한 큰 인연이 될 것이라고는 꿈에도 생각지 못했습니다. 하지만 그 인연은 저의 인생에 큰 가르침과 깨달음을 주었습니다.

장원동 교수님께서는 여러모로 다른 교수님들과는 다르셨습니다. 교수님의 센스 있는 패션 감각과 늘 학생의 입장에서 생각해 주시는 따뜻한 마음은 제가 앞으로 사회에 나가 어떻게 행동해야 할지에 대한 길잡이가 되었습니다. 5년마다 차량을 교체하고, 뛰어난 패션 감각을 지니신 교수님의 존재는 어떤 남자들도 "나도 저렇게 멋지게 나이 드는 남성이 돼야겠다."라는 생각을 하게 만들 것입니다. 저는 교수님 덕분에 북한산 주변의 맛집이나 전경이 좋은 카페를 알게 되었으며, 아동학과 학생들과 노래방도 가는 경험을 했습니다. 몇 번은 교수님과 단둘이 노래방을 갔었는데, 교수님께서 당시 18번으로 즐겨 부르시던 "까만 안경"의 감성적인 가창력에 깜짝 놀랐던 기억이 아직도 선합니다.

교수님께서 인생의 긴 시간을 어머님과 장모님을 수발하시던 모습을 통해 저도 부모님께 효를 다짐할 수 있는 계기가 되었으며, 지금도 교수님을 본받고자 노력하고 있습니다.

교과서에서 제시하는 인간 효(孝)의 가치를 실제로 실행하며 살아가시는 장원동 교수님.

존경하는 마음을 담아 부탁드렸던 제 결혼식의 주례도 마다하지 않고 흔쾌히 서 주신 장원동 교수님.

교수님의 가르침 덕분에 사회의 일원으로 성장하며, 부끄럽지 않은 제자가 되도록 노력하고 있습니다. 지금 이 순간에도 누군가의 롤모델이 되고 있을 장원동 교수님의 자서전 출판을 진심으로 축하드리며 행복과 건강이 늘 함께하시길 기원드립니다.

존경하고 사랑하는 장원동 교수님

강세영(숙명여자대학교 박사)

15년 전 서경대 아동학과 새내기 대학생으로 교수님을 만나 시작된 인연에서 지금까지…

그간의 소중한 추억들은 감사함으로 미소 지어지는 시간들이다.

현재 두 아이의 엄마이자 남편을 너무나도 사랑하는 아내, 며느리, 딸, 박사과정 학생인 지금의 나에게는 인생의 어려움과 고민이 생길 때면 언제나 든든한 스승 장원동 교수님이 곁에 자리해 주셨다.

서경대 아동학과 학과장이셨던 교수님은 모든 학생들에게 관심을 갖으며 제자들을 육성하셨지만, 그 중에서도 교사가 되고 싶어 교직을 이수하며 열심히 공부하던 나를 눈여겨보신듯(?)하다. 대학 평가 단장이시던 교수님의 업무를 조교로서 도울 수 있었고, 어쩌면 스쳐 지나가는 학생과 제자라는 우연을 시작으로 이제는 인생의 이슈마다 교수님과의 추억들로 한 페이지 한 페이지 넘겨볼 수 있는 앨범이 만들어지고 있다.

교수님은 우리 부부의 주례를 흔쾌히 맡아 주시어 행복한 마음으로 결혼식을 할 수 있었다. 교수님과 함께 찍은 결혼사진은 감사하게도 교수님의 서재에 지금껏 자리해 있다. 교수님 댁을 방문하고는 걸려있는 결혼사진을 보고는 다시 한번 제자 사랑을 느낄 수 있었다.

교수님의 결혼기념일이 2월 22일인데, 우리의 결혼기념일은 2월 20일이다. 우리 부부는 교수님과 결혼기념일마저 비슷하다며 깊은 인연을 매순간 느끼고 있다.

취업 후에는 생일날 제자의 직장까지 찾아와 주시어 깜짝 축하를 해주시기도 하셨다. 과연 서프라이즈의 귀재이시다.

제자뿐만 아니라 남편과 아이들까지도 귀하게 여겨 주시며 늘 격려와 응원을 보내주신다. 그러한 사랑 덕분에 남편과 나는 박사과정까지 공부도 계속할 수 있었고, 사회 안에서 제 역할을 다 하고 있다. 교수님뿐만 아니라 사모님, 그리고 할머님께 받은 사랑은 우리 가족의 원동력이다. 명절에 찾아뵈면 할머님께서 내어주시던 꼬깃한 쌈짓돈과 사모님께서 정성껏 만들어 주신 한지공예 작품은 두 아이들에게 지금도 잊지 못하는 '사랑'이다. 덕분에 두 아이 모두 다른 사람과 사랑을 나누며 행복을 느낄 줄 아는 아이로 자라나고 있다.

교수님의 삶은 나에게 교과서 이상의 교훈이다. 어머니를 21년 수발하시고 26년간 장모님과 행복하게 사시는 모습에 나 역시 부모를 소중히 하는 것은 당연하다 여기며 교수님 뒤를 쫓아 시부모님과 10여 년을 함께 살며 친정 부모님 이상의 좋은 사이로 살아갈 수 있었다.

교수님은 관광학과 학과장도 역임하셨기에 멋진 장소를 그 누구보다 잘 알고 계셨는데, 포인트빌이라는 카페에서 북한산의 절경을 소개해 주셨다. 나는 그곳에 바로 시부모님을 모시고 가 추억을 만들었는데, 그 직후 갑자기 시아버님의 병환이 심해지셔서 6개월 만에 돌아가셨다. 포인트빌은 시아버님과 우리가족이 함께한 마지막 가족사진의 장소가 되있다. 포인트빌을 떠올리면 교수님과 시아버님이 동시에 떠오른다. 그 누구 와도 영원히 함께할 수 없고 헤어질 날을 예측할 수 없기에 지금 이 순간이 소중하고 누군가와 함께할 수 있는 시간들 모두에 감사함을 느낀다.

시아버님이 돌아가신 그때에도, 아이들이 외국으로 학교를 가야 하는 헤어짐을 앞둔 순간에도, 지금도… 나의 인생 모든 순간에 함께해 주시는 장원동 교수님.

언제나 곁에서 용기와 격려를 보내주고 계시다.

누구에게나 깊은 관심과 애정을 보이시는 교수님은 누구와도 친구가 되시고, 길가의 강아지, 풀 한 포기도 소중히 하심에 언제나 나에게 배움을 주신다.

교수님을 마주하고 있노라면 청신한 생각과 새로움을 추구하는 센스에 나이를 느낄 수 없다. 늘 청년과 같은 마음으로 향상하시는 삶의 태도가 바로 젊음의 비결이라 생각한다.

나에게는 교수님의 삶 자체가 교육학이다.

진정한 지식인이란 아는 것에서 끝나는 것이 아닌 지식을 실천하고 훌륭한 인격을 연마하는 사람이 되는 것임을 교수님을 통해 오늘도 배운다.

교실을 떠나서도 늘 교수님께 배울 수 있는 제자로 함께할 수 있음에 감사드린다.

장원동 교수님 댁 가족 세배

제자 강세영 박사, 남편 김정희 박사
딸 김수인 양, 아들 김예준 군

미국 유학에서 만난 인연 후배

노양우(전 조선호텔 과장)

장원동 교수님과의 첫 만남은 1982년 미국 San Diego의 U.S.I.U.에서 시작하여 42년째 인연을 이어오고 있습니다. 그 당시 대부분의 유학생들은 20대 중반이었고 장 교수님은 상지대학교 교수를 하시다가 박사과정으로 유학을 오셨습니다. 그 시절을 회상하면 추억거리가 떠오릅니다. 대학 도서관에서 만나 서로의 인생경험, 종교 등에 대한 조언을 주셨고 현재에도 만나면 모든 면에서 저의 정신적 스승이십니다.

미국 유학생활 및 한국에서 만남을 적어봅니다.

1. 향수병을 달래는 시간

San Diego의 U.S.I.U.에서 학기마다 시험이 끝나면 차를 몰고서 San Diego동물원, Sea World, 라호야 beach 해변을 산책하면서 외로움, 향수병을 달래는 좋은 시간을 가졌다.

2. 박사과정 공부 중에도 자기관리 철저

장 교수님은 박사과정을 공부하시면서, 한인교포가 운영하는 동양마켓 일본 식당 등 여러 곳에서 임시직으로 일하시면서 자기관리가 철저한 유학생활을 하셨다. 1년은 대학기숙사에서 생활하시다가 한인교포가 운영하는 APT에서 같이 생활하셨다.

3. FIU(Florida International University) 유학생활

저는 FIU(마이애미 대학)에서 호텔 경영학 전공 후 한국에서 조선호텔, 올림픽 파크호텔 뷔페식당 대표 등을 거쳐 현재는 인천공항 인스파이어 종합리조트 회사에 근무하고 있습니다. 2006년 부친 팔순 잔치인 여의도 63빌딩 연회장에 장 교수님 내외가 참석하셨다. 그 당시 초대가수 배일호 님이 장 교수님이 노래하시는 걸 보시고 잘 생기시고 노래도 맛깔스럽게 잘 부르신다고 찬사를 해주신 기억이 납니다.

4. 40년 만남 기념 양복 선물

2022년 7월 10일 교수님과 저는 San Diego 유학생 후배 조진무 등이 신촌 현대백화점 10층에서 만나 점심식사를 하였습니다. 그리고 나서 장 교수님은 7층의 남성 양복점인 로가디스로 안내하시면서 우리들에게 말씀하셨습니다.

"우리가 미국 San Diego, U.S.I.U에서 만난 인연이 40년이 되었다."

그리하여 우리 두 사람에게 양복 한 벌씩을 사주셨습니다. 우리들은 교수님의 따뜻하고 고마운 마음에 큰 감명을 받았습니다.

5. 취미가 노래 부르기

장 교수님과 노양우는 노래 좋아하고 특히 트로트 신곡을 노래방에서 부르는 취미가 같아서 만날 때면 매번 노래방에 가서 재미있고 신나게 부릅니다.

장 교수님은 최신 노래곡들이 수십 곡이며 저도 트로트 곡이 60여 곡 되어서 미국 마이애미 한인 노래자랑대회에서 남진 님의 노래 '모르리'로 플로리다 남진 별명이 붙었지요.

6. 장 교수님의 인연을 중시하는 대인관계

2001년 장 교수님의 고교 부부모임(12명) 1982년 미국 San Diego 유학 시 서로 알게 된 김선유 교포부부 집에 초대받아 저녁과 술 한잔, 그리고 김선유 님이 준비한 노래방으로 행복한 미국의 밤을 보냈습니다. 장 교수님의 인연을 중시하는 대인관계를 우리는 본받아야겠습니다.

San Diego의 Sea World에서 노양우(전 조선호텔 과장) 님과 함께

항상 기회와 배움을 일깨워 주시는 큰 선배님

조진무 원장

철없고 겁이 없던 젊은 시절. 미국이라는 낯설은 곳에서 처음 만난 장 교수님의 첫인상은 열심히 공부하시는 점잖은 분으로 알았다. 하지만 시간이 갈수록 학교 내 유학생 모임에서 교수님의 후배들에 대한 큰 배려와 사회생활과 배움에 대한 차분한 조언들이 정신이 번쩍 들도록 적합한 말씀을 많이 해주셔서 우리 유학생들의 정신적 지주의 역할을 톡톡히 해주시며 큰 그릇의 역할을 많이 해주셨던 분이라는 생각이 생생한 요즘이다.

미국 유학생활을 끝내고 어느덧 시간이 흘러 40년이 훌쩍 지난 지금에도 이러한 관계는 여전히 계속되고 있고, 덕분에 분기별로 장 교수님과 즐거운 시간들을 같이 계속해 가지고 있는 영광을 누리고 있다.

몇 년 전에는 교수님이 직접 여행 계획을 짜셔서 1박2일 부산으로 동문 투어를 다녀온 적이 있었다. 자동차를 운전해서 여행을 좋아하시는 교수님의 생각이 들어있는 여행이었다. 서울에서 5시간 달리는 경부고속도로 위에서 지나간 1980년대 유학생 시절의 추억과 인생에서 황금기였던 시절의 즐거움을 다시 한번 더 해보았으면 하는 바람들과 그 당시 유학생들과의 관계, 최근의 동문들 근황 등으로 이야기를 하다 보니 자동차 안이 추억의 덩

어리를 뭉쳐둔 자유 공간이 되어 내내 웃고 즐거운 시간을 보내었다. 부산에 도착해 그 시절 정겨운 동문분들과 저녁 식사를 하면서 각자의 기억들을 들추어내어 시간 가는 줄 모르고 수다스러운 시간들을 보냈고, 교수님이 마련해주신 해운대가 보이는 호텔에서 멋진 삼사리를 가졌고, 아침 또한 미국식 식사도 하면서 그 시절의 좋은 시간을 다시 한번 주제에 올리기도 하였다. 이후 포항을 거쳐 동해안을 쭉 따라 올라가며 시원한 바닷가 풍경을 보며 우리가 공부한 샌디에이고 바닷가에서 있었던 추억과 음식 등을 이야기하며 어린이 마냥 좋은 이야기로 시간을 보내며 영덕을 거쳐 강릉으로 해서 서울로 돌아온 유익한 자동차 여행을 가졌다. 교수님의 세심한 배려에 다시 한번 감사함이 되살아나고, 덕분에 한반도를 반 바퀴 돌며 우리들의 미국생활을 다시 한번 돌아보는 성찰의 시간을 가졌다. 이러한 깜짝 이벤트를 마련해 주신 교수님의 혜안과 센스에 감사할 뿐이었다.

이렇듯 항상 후배들을 먼저 챙겨주시고, 유익한 기회와 즐거움을 주시는 장 교수님이자 큰 선배님의 따뜻한 배려에 다시 한번 고마움과 감사함을 드립니다.

항상 건강하시고 지금처럼 더욱더 왕성한 사회생활을 계속하시길 기원 드립니다.

감사합니다.

우리는 감사를 통하여 행복, 성공, 기쁨의
기적을 만들 수 있습니다

- 행복 때문에 감사한 것이 아니라 감시가 행복을 만든다.
- 성공 때문에 감사한 것이 아니라 감사가 성공을 만든다.
- 기쁨 때문에 감사한 것이 아니라 감사가 기쁨을 만든다.

제5부

봉사와 특강 이야기

1. 봉사 이야기

2. 특강 이야기

1.
봉사 이야기

　우리들이 편협한 마음을 갖고 개인적인 일에만 흥미를 갖고 산다면, 함께 살아가는 사회는 성장하기 힘들 것이다. 우리 주변에는 자신이 어려우면서도 남을 위해 자원봉사도 하는 등 베푸는 사람들도 많이 있다. 우리가 살아가는 세상의 모든 사람들은 건강하고 행복한 삶을 원한다. 그러기 위해서 우리는 남에게 봉사하고 베푸는 행동과 도전이 필요하다.

🌸 수원시립요양원 봉사

한 모임에서 우연히 만난 최별 교수와 나는 노래 친구가 되었다.

우리는 가끔 만나 노래방에서 노래도 부르고 인생에 대한 이야기도 하였다.

최 교수는 본인이 작곡한 창작곡을 가지고 있기도 하였다. 그는 우리 인간들이 평생교육을 통하여 기쁘고, 즐거운 한때를 선사하고 있었다.

방학이 되면 최 교수가 나를 초청하여 같이 노인분들에게 봉사를 하게 되었다.

노래를 하여도 잘 따라 하지 못하고 가만히 앉아계시는 분들이 많으셨다. 그분들과 같은 시간을 보내기 위해 정말 그렇게 많은 재롱을 부려 본 적은 없었던 것 같다.

다음에 다시 갔을 때 반가운 얼굴로 맞아 주시며 따라 해주시는 변화된 모습을 보이셨다. 우리집 사람이 "돌리고 돌리고"를 노래하며 엉덩이를 돌리며 손을 잡고 일으키니 모두 나오셔서 허리를 힘겹게 돌리며 손뼉치며 좋아하는 모습을 보니 감격스럽기까지 했다.

"다리 아퍼", "허리 아퍼" 하시면 주물러 드리고 안아 드리면 좋아하시며, 다음에 또 오라시며 손을 꼭 잡아주셨을 때 정말 감사하였다.

고모님을 위한 공연

막내 고모님께서 몸이 불편하여 요양원에 계실 때 우리는 명절이나, 일이 있으면 고모님을 찾아뵈었다.

어느 해 명절 고모님을 뵈러 가니 강당에서 50여 분의 어르신들이 휠체어를 타고 외부에서 오신 분들이 노래를 듣고 계셨다. 고모님을 뵈니 너무 좋아하셔 고모님을 위해 제가 한 곡하겠다고 하니 너무 좋아하셔 몇 곡 더 불러 드리고 점심을 같이 먹었다.

다음해 요양원에서 노래해 달라 하여 가니, 고모님은 대학교수인 조카가 와서 노래를 해주어 인기가 많이 올라갔다며 좋아하셨다. 어르신들과 함께 즐거운 시간 보내고 점심 먹기 위해 아래층으로 내려 와 앉으니 가족과 같이 계시던 어르신 한 분이 계속 쳐다보셔 "왜 쳐다보세요" 하니 "노래도 잘 하더니 생기기도 잘 생겼다" 하시니 가족과 주의에 계신 분들이 놀래시며 말씀을 안 하시는 분인데 말씀하셨다며 모두 좋아하셨다. 그 후 명절엔 꼭 찾아뵈었는데 이제 고인이 되셨지만 어르신들을 뵈면 나의 노래로 요양원 어르신들이 즐거워하시며 좋아해 주시던 생각으로 요양원 어르신 들을 위한 노래 봉사를 하였다.

🌸 아내의 봉사 이야기

아내는 고려대학교 간호학과를 졸업하고 은광여자고등학교 보건교사 30년을 근무하고 정년퇴직하였다. 간호사로 정동제일교회에서 의료봉사를 코로나 전에는 한 달에 2회 외국인 노동자 의료봉사와 연 2회 해외 아프리카, 동남아 등 국내외 의료봉사를 하였으며, 코로나 이후 작년부터 국내 외국인 노동자 의료봉사를 하고 있다.

그리고 서울시 소재 노인 요양기관에서 간호과장으로 8년 근무하며 어르신들을 좀 더 편하고 즐겁게 지내실 수 있도록 노력하는 나의 자랑스런 아내의 글을 소개합니다.

🌸 건강하게 함께하여 주셔 감사합니다

엄마한테 애교도 못 부리고 엄마가 조그마한 실수만 하여도 요양원 어르신들이 다치는 것을 보았기에 소리 지르면 남편이 나와 엄마 앞에서 노래 부르며 애교 부려 엄마 마음 편히 해주면, 난 미안한 마음에 요양원 어르신들께 이쁜이 왔다며 엄마한테 못한 애교와 남편이 엄마에게 하는 것을 배워 노래 부르며 어르신들께 어리광 부리며, 내가 좋아서 어르신들과 지내며 행복했는데 2024년 말에 서울시립동대문실버케어센터 송영옥 원장님께서 표창장을 주셔서 너무 감사합니다. 항상 어르신들을 보살펴 드리며 어떤 어려움이 있으신지 식사는 잘하시는지를 관찰하여 문제 발견 시 해결하기에 애쓰시는 원장님께 감사 말씀드립니다.

치매어르신에게는 어르신 성향에 맞혀 질투와 어리광 부리는 행동을 해 드리면 웃고 좋아하는 모습에 나 자신이 즐겁고 행복해져 어르신들과의 만남은 나를 즐겁게 해주는 것 같다.

어르신들이 엄마 찾으며 눈물지으실 때 엄마를 위한 노래로 엄마를 만나게 해드리면 웃으시며 발음은 안 되지만 따라 하려고 애쓰는 모습을 보고 마음은 아프지만 같이 환하게 웃는다.

어느 날 말씀 전혀 없으시며 모든 것에 반응 없으신 군인 장교셨던 어르신에게 "충성" 하며 군인들이 하는 자세로 경례를 하며 인사드리니 웃으시며 경례로 답해 주셔 그 후에 충성과 경례를 하면 경례로 답하며 웃어 주셔 의사소통이 조금 이루어진 것 같다.

어르신이 감정이 격해 화를 내셔 어르신 이러시면 '제가 여기서 쫓겨나 밥을 굶는다' 하니 '너는 살림을 어떻게 하고 살았냐'며 화를 내셔, 남편과 아들도 굶는다 하니 아무 말씀 없이 식사하셨다.

치매나 건강이 안 좋아 힘드셔도 나 자신과, 부모, 자식에 대한 사랑과 정은 놓을 수가 없는 분들이다.

어르신 옆을 지나다 무심코 뀐 방귀나, 신나는 음악이 나와 엉

덩이 잠깐 흔들어 드리면 방귀와 엉덩이 소리로 하루를 웃음으로 지내신다,

어르신들이 이름이 무엇이냐 물으셔 '이쁘니'라 하니 이쁘니라 불러 주신다. 어느날 이쁘니 소리에 질투 나신 옆 어르신이 '이쁘니는 뭘' 하시며 찡그리셔, 마스크 벗고 방긋 웃으니 모든 어르신들 '아악 마스크 써' 하시며 눈만 보여서 몰랐다며 하루를 마스크 벗지 말라며 웃으시는 어르신들 항상 건강하고 즐겁게 지내세요. 어르신들을 편히 모시기 위해 노력하시며 도움 주시는 원장님, 국장님과 사무실 선생님, 간호사님들 수고 많으시고 특히 어르신들 옆에서 어르신들을 지켜주시며 고생하시는 요양사 선생님들 수고 하십니다. 그리고 감사합니다.

처음 어르신들을 모시려 할 땐 신생아에서부터 고등학생까지 모두가 어떻게 잘 키울까를 생각하는 것을 보며 어르신들은 마지막을 편히 지내시다 가실 수 있었으면 좋겠다는 마음에서 시작하였는데 남편이 어르신들을 위해 밴드와 노래하시는 분을 모시고 노래 불러주어 어르신들을 행복하게 하여 주어 정말 감사하였다.

어르신들을 모시며 잊을 수 없는 고인이 되신 한기석 어르신은 남편이 어르신들과 같이 노래 부르며 즐겁게 보낸 것을 기억하시며 남편 보고 싶어 하셔서 찾아뵈니 안아 주시며 좋아해 주셨는데 얼마 지나 임종하셨다. 또한 고인이 되신 이소년 어르신의 시

는 아직도 나를 어르신들과 함께 할 수 있는 힘을 주신 분이시다. 101세 이소년 어르신께 새해 인사를 드리니 갑자기 손을 꼭 잡으시고 시를 읊으셨습니다.

목련화

꽃이야 곱다마는,
가지가 높아 못 꺾겠고
꽃 이름이나 지어주고 가세
안 보아도 그 이름은
우아하고 특별한
천하일색 목련화로다.

하시며 손을 꼭 잡으셔 감사 인사드리며 눈물 흘리니 꼭 안아 주셨다.

나의 나이도 어르신이란 소리를 들을 나이에 남편과 아이들과 같이 건강하게 지낼 수 있음이 정말로 감사하다. 이젠 나 또한 스스로 건강 관리하여 나를 지켜야 하는 내가 주가 되는 시기이며, 또한 언젠가는 예전의 내가 아닌 누군가의 돌봄을 받을 수 있음도 생각하여야 할 때이기도 하다. 도움 받음에 감사할 수 있는 사람이 되기 위해 어르신들을 보고 감사하는 마음, 고마운 마음을 배우며 노력하고 연습해야 할 것 같다.

캄보디아 의료봉사(정동교회)

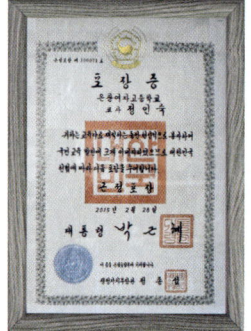

2024년 12월
서울 시립 동대문 실버케어센터 송영옥 원장님이
정인숙 간호과장에게 표창 수여

장원동 교수의 노인요양원 노래봉사

2.
특강 이야기

인간은 배우지 않으면 성장할 수 없고 성장이 없으면 배움도 없다. 그래서 사람들은 배움을 통하여 우리들의 인생에 대한 이해를 넓힐 수 있다.

🌸 서울시 시민대학

서울시에서 평생교육의 일환으로 일반시민들에게 시민대학에서 1996년 8월 세종문화회관 소강당에서 시민 500명을 대상으로 '현대인의 가치관'이란 주제로 특강을 시작한 이래 초, 중고등학교, 기업체 관공서(구청, 군청), 군대의 병영교육과 청송, 청주, 제주 교도소에서의 강의를 하였다.

여러 기관들의 강의를 통하여 그들에게 많은 이야기를 하면서 그들에게 희로애락(喜怒哀樂)을 주었고, 나 또한 그들과 이야기하며 참기쁨과 즐거움을 얻었고, 그들을 알았고 인생을 더 배우는 기회가 되었다.

여러 기관의 초청 강의 중 청주교도소에 복역 중인 분이 나의 저서인 부모교육을 읽고서 청주 교도소장님께 청을 하여 정신교육강사로 초청받은 것이 계기가 되어 그 후 5년간 봉사하였다.

청송 보호감호소

여러분 만나게 되어 참 반갑습니다. 오늘 제가 유윤수교도소장님의 초청으로 여러분과 평생교육에 대해 같이 이야기하고자 합니다.

교육이란 무엇일까요? 교육은 자기 스스로 나의 먹고 자고 입는 의식주 해결과 개인의 명예를 얻기 위하여 배우는 것이 교육입니다. 그런데 이런 교육이 개인 위주의 교육으로 끝나는 것이 아니라 남에게 무언가 주려는 교육이 인간의 최고교육의 목적입니다. 인간은 어머니 배 속에서부터 세상을 떠나는 순간까지 배우고 체험하고 경험하는 평생학습이 이루어져야 합니다.

아는 것이 힘이다. (올바르게 배우고 바르게 실천하자)

인간이 만물의 영장이 된 까닭은 개조능력 때문이다. 인간은 의식주(衣食住)와 습관을 개조하고 역사와 사회와 문명을 개조한다. 우리는 무엇을 개조할까?

- 책 보기 싫어하는 눈을 책보기 좋아하는 눈으로 개조합시다.
- 일하기 싫어하는 손을 일하기 좋아하는 손으로 개조합시다.
- 거짓말을 하고 남을 헐뜯기 좋아하는 입을 진실을 말하고 남을 존중할 줄 아는 입으로 개조합시다.

책을 볼 줄 알면서 안보는 눈은 야만인의 눈이지 문화인의 눈이 아니며, 일하기 싫어하는 손은 백수건달과 게으름뱅이의 손이지 부지런한 손이 아니며, 거짓말을 하고 남을 헐뜯기 좋아하는 입은 천한 입이지 교양인의 입은 아니다.

게으른 국민을 가지고 번영하는 사회를 만들 수 없고 거짓된 백성을 가지고 정직한 나라를 세울 수 없습니다.

🌸 정동제일교회

사람들이 세상을 살아가면서 힘들고 고단할 때 지친 몸과 영혼을 달랠 수 있는 안식처가 필요하다.

이때 종교는 좋은 나의 안식처이다. "여호와는 너를 지키시는 이시라, 여호와께서 너의 오른쪽에서 네 그늘이 되시나니, 낮의 해는 너를 상하게 하지 않을 것이며 밤의 달도 너를 헤치지 아니하리로다(시편 121:5~6)." 이 말씀은 나의 마음의 안식을 같게 하는 말씀이다.

절대적인 능력을 지닌 분이 내 안에 있다는 믿음만 있으면 본인은 물론 가정이 화목해질 수 있다.

우리는 정동제일교회에 다니며 집사람은 국내에 거주하는 외국인 노동자 의료봉사와 코로나 전까진 해외의료봉사도 하였다. 주일 아침이면 우리 부부는 장모님을 성당에 모셔다 드리고 교회에 갔었다. 나는 교회에 다니며 신앙심이 깊고 아내와 의료봉사를 같이하신 명노철 장로님과 오영옥 권사님, 나를 교회로 인도해주신 지금은 다른 곳에 계시는 탁관철, 한경숙 권사님, 어려울 때 도움을 많이 주시는 박형식 장로님과 김옥희 권사님을 만나게 되었고 말씀에 대한 것을 듣기도 하였다.

내가 교회에 다닌 지 얼마 안 되어 이희남 전도사님께서 정동벧엘대학에서 특강을 부탁하셨다. 나는 전에 강의하신 분들의 특강을 여러 번 들어보며 참고 하였다.

　정동제일교회 노인대학인 벧엘대학의 특강에 참석하시는 교인들은 남녀 모두 65세에서 85세로 보통 200분인 대가족이였다. 강사진은 사회 여러 층의 명사분들로 목사님, 대학교수 등 저명인사로 현실감 있고 실용적인 지식과 정보 등 다양한 분야로 강의를 하셨다.

　여러 강사분들의 강의를 들으며 어르신들게 즐겁게 함께할 수 있는 강의를 하기 위해 마이크가 장식된 노래방 기기를 구입하여 새로운 특강을 준비하였다. 제목은 "평생교육과 멋진인생"으로 하고, 평생교육 내용을 30분, 노래공부 20분을 어르신과 함께 공부하였다. 어르신들은 같이 따라 하며 즐거운 시간을 보내신 것 같았다. 정동 벧엘대학이 생기고 처음 있는 방식의 특강이었던 것 같았다.

제6부

평생교육 이야기

1. 평생교육과 평생학습

2. 노인과 좋은 죽음

3. 유서 쓰기

4. 제2 고향 해인사 미타원

1.
평생교육과 평생학습

　현재 우리사회는 학교 졸업장이 한 개인의 평생을 보장해 주고 있다. 워싱턴포스트 지는 한국교육 관련 기사에서 "한국은 인터넷 선진국이지만 사회적으로는 아직 왕조시대의 교육체제를 기반으로 움직이는 나라이다. 직원과 사회적 지위는 물론 배우자마저 시험 성적에 따라 결정된다."라고 말한 적이 있다. 그러나 현세대는 성적과 졸업장만이 인생의 척도가 되었던 종전의 삶의 형태에 조금씩 변화가 일어나고 있다. 이미 산업 현장에서는 "대학교육의 무용론"이 제기되고 있다.

　오늘날 명예퇴직, 조기퇴직 등으로 평생직업 시대는 생각할 수 없게 되었다. 대학은 이미 취업을 준비하는 곳으로 전락한 지 오래이며, 대학을 졸업하고도, 심지어 재학 중에도 학원에 가서 직업기술자격증코스, 토익(TOEIC), 토플(TOEFL), 한자, 중국어 등을 배우고 있다. 결국 평생 동안 계속해서 필요와 요구에 따라서 "언제 어디서라도" 새로운 지식과 기술을 배워야 하는 시대가 오고 만 것이다. 또한 학교 이외의 장소에서도 학습과 교육의 기회는 항상 쉽게 접근되고 있으며, 60이 넘어 70이 되어도 "이 나이에 뭘 해"라는 말들은 현대를 사는 노인들의 삶의 방법이 아니다. 요즈음 각 구청에서 실시하는 컴퓨터교육, 외국어, 미술, 음악 등의 교육 장소에는 연세 드신 분이 많다. 계속교육, 전환교육, 재교육이 많이 논의되고 있는 것은 절실하다는 것을 말해 주고 있는 것이다.

교육이라는 것은 개인이 몸을 움직여 정당한 방법으로서 의식주를 해결하는 길을 배우기 위한 것이며, 개인의 이익과 명예는 그 나라의 이익과 명예와 같은 것이라고 말하였다. 그런 인간교육의 최고 목적은 사랑의 사람, 섬김의 사람, 희생의 사람이 되게 하는 것이다. 사랑의 교육의 시작은 학교교육에서 하지만, 각 개인이 끊임없이 노력하는 자기교육으로만 가능할 것이다. 그러므로 모든 인간은 어머니 배 속에서 잉태되었을 때부터 세상을 떠나는 순간까지 배우고, 체험하고, 경험하는 것을 통하여 평생교육(life-long education)을 자기 스스로 만들어 감이 중요한 것이다. 요즈음 발생하는 청소년들의 사회적 문제는 어른들이 평생교육을 통해 현시대 학생들의 생각을 알고, 그들이 무엇을 하는지를 배워 세대차를 줄여 그들을 이해하고, 대화하려는 노력에서 해결점을 찾아야 할 것이다.

1990년 동아일보 11월 6일 자에 장한 어머니상을 수상한 김성희(65세) 여사를 소개한다.

김성희 여사는 전주 출생으로 중학교를 졸업하여 17세에 준교사 자격증을 획득하였다. 결혼하여 아들 4형제를 키웠다. 남편은 면장선거에 낙선한 후 화병으로 사망하였다. 김 여사는 1968년 전주에서 서울 남가좌동으로 올라와서 파출부, 사과장사, 연탄아궁이 장사 등으로 어려움 속에서 4형제를 키웠다. 그녀는 50세에 일본어 학원의 시간강사를 시작하였는데 학력 열등감을 느껴서 대입검정고시에 응시하여 합격하였다. 그녀는 53세에 서경대학교 일어학교에 입학하여 학과수석으로 졸업하였다. 그 후 그녀는 일본으로 유학하여 일본어 석사학위를 받고서 귀국하여 유명 일본어 학원 강사가 되었다. 김성희 여사는 평생을 배우고, 체험하고, 경험하는 평생학습의 실천자이다. 성공한 아들들은 "우리 어머니가 늘 행동으로 보여준 진지(眞知)한 삶의 태도가 우리 자식들의 장래를 밝혀주신 등불이 있다"고 말하였다. 그녀는 아들들은 반듯하게 교육시켜서 첫째 장남은 외환은행 지점장, 둘째 아들은 공인회계사, 셋째 아들은 검사, 넷째 아들은 회사원으로 모두가 자기의 할 일들을 열심히 하는 아들로 키웠다.

평생교육을 이룬 일본인 우타가와 도요구니 씨(96)는 근기대학

(近畿大學) 법과 야간부를 졸업한 화가이다. 부인은 노환으로 병석에 누워있으나 그는 아침에 세탁, 청소는 물론 부인과 저녁식사 한 후, 1시간 걸어서 대학 강의를 듣고서 돌아와 그녀와 말 상대를 해준다. 우타가와 도요구니 씨는 말하기를 "책 속에 신천지가 있다. 내 딴에는 세상 돌아가는 이치를 깨달았다고 여겼으나 80세가 되니 아무것도 모른다"고 생각되었다. 내 자신이 다이아몬드(diamond)가 되지 않으면 다이아몬드를 그릴 수 없다. 60세 넘은 두 아들이 아버지 입학축하 파티를 해 드리자 우타가와 도요구니 씨는 "눈물이 왜 나오는지 이것을 연구해서 논문(論文)을 쓸 수도 있겠다"고 말하였다.

2.
노인과 좋은 죽음

　100세 시대를 맞이하여, 노인을 위한 인성교육 강의에서 60~79세를 청년이라고 말하고, 80~99세까지는 노인이라 칭하고, 100~120세까지는 장수노인이라 부른다. 이와 관련해 '9988234'라는 재미있는 숫자가 유행하고 있다. 숫자에는 99세까지 팔팔(88)하게 살다가 2~3일 아프다 죽는다(死)는 의미로 가능한 한 오래 건강하게 살다가 2~3일만 아프다 죽고 싶다는 소망이 담겨 있다. 이런 바람은 충분히 이해된다. 죽음 자체가 두렵고 싫지만 죽음이 임박했을 때 아픈 것도 싫으니 잠깐만 아프고 바로 죽길 바라는 것이다.

　일본에는 일명 '꼴깍사'라고 불리는 절이 있다. 이 절에서 빌면 잠을 잘 때 '꼴깍' 보내준다고 하여 이런 별칭을 얻은 것이다. 죽음이 두렵고, 아픈 것이 싫어 아무 고통 없이 잠을 자듯 임종하길 원하는 마음에 비는 것이라니 충분히 이해가 된다.

그런데 이렇게 죽음을 맞이하는 데도 문제가 있다. 본인은 편한 죽음을 맞을 수 있을 테지만 남은 가족들이 걱정된다. 자신들이 사랑했던 부모나 배우자와 갑자기 준비 못 한 이별로 받게 될 허망함과 슬픔 때문이다.

'사랑한다'고 한 번이라도 더 말하고 싶었는데, 미안하다고 내 마음을 꼭 전하고 싶었는데 눈을 마주치고 한 번이라도 안아드리고 싶었는데 그렇게 황망하게 가버리면 남은 사람들은 그 아픔을 어떻게 하나? 남은 가족들도 꼭 생각해야 한다.

준비 없는 죽음은 본인에게도 결코 좋은 게 아니다. 이런 죽음은 본인에게도 곧 큰 손해이다. 좋은 임종을 맞이하려면 정말 많은 준비가 있어야 한다. 젊을 때부터 준비를 해야 한다. 꾸준히 운동하고, 바른 음식을 섭취하고 나쁜 음식을 삼간다. 그리고 무엇보다도 마음이 바로 서 있어야 한다. 그래야만 말년에 병원에서 고통에 휩싸여서 비극적인 최후를 맞는 것을 피할 수 있다. 잘 죽기 위해서는 잘 살아야 한다.

결국 우리가 죽음에 대해 공부하는 것은 잘 살기 위함이다(최준식, 2014).

🌸 노인이 인식하는 좋은 죽음

죽음에 대한 인식은 개개인의 가치관, 철학 삶에 대한 태도와 문화에 따라 다르고 시대 상황에 따라 다르다. 김은정(2012)은 노인이 인식하는 좋은 죽음에 관한 연구에서 다음과 같이 말하고 있다.

1. 주변 사람을 배려하는 죽음

노인은 숙는 순간까지도 자녀의 가족을 생각하는 모습을 볼 수 있다. 배우자와 함께하는 죽음의 배우자의 뜻 것은 한 행복한 삶을 살다가 비슷한 시기에 가는 것, 배우자와 여생을 보내다가 배우자 옆에서 잠자듯이 맞이하는 죽음, 남편이 내 앞에 죽고 며칠 후에 따라가는 것 등 노년기에 배우자와 함께하는 죽음을 좋은 죽음으로 여기고 있다. 노년기 부부의 경우 배우자는 자신에게 유일한 수발자이자 친구이며, 자녀에게 부담을 주지 않는 삶을 살기 위해 필요한 존재이다. 노년의 부부에게 배우자는 자신의 나이 듦으로 인해 자녀에게 부담을 주지 않는 삶을 위해 필요한 존재로 보았다. 또한, 노년에 예상할 수밖에 없는 사별에 있어 서로 측은한 존재로 바라보았으며, 자신의 죽음으로 인해 배우자의 삶이 측은해지지 않도록 자신이 남겨지길 원했다고 하였다.

어느 누구에게 폐 끼치지 않고 다른 사람에게 좋은 사람으로 기억되는 것을 좋은 죽음이라 하였는데 이것은 자식, 배우자에게 부담을 주지 않고 죽은 뒤까지도 주변을 배려하는 모습을 볼 수 있다.

2. 천수를 누리는 죽음

적당한 수명을 누리고 자신이 가진 명을 다하는 것을 좋은 죽음이라고 보고 있다. 호상(好喪)이라는 것은 오래살고 복을 누리다가 자신의 명을 다하는 것을 말하는데, 이는 자연에 순응하는 죽음, 죽음에 인위적 행위가 가해지지 않은 것으로 본다.

3. 내 집에서 맞이하는 죽음

집 밖에서 죽으면 객사(客死)라는 문화적인 영향도 있겠지만, 가족들의 보살핌 속에서 운명을 다한다면 그렸다 더 좋은 죽음이 어디 있겠는가.

4. 편안한 모습으로 죽음

대부분의 노인들은 죽음에 직면하여 어떤 형태로든지 고통을 받는 것에 두려움을 가지고 있다. 이러한 두려움을 느끼지 않고 자는 것이 아프지 않게 임종 과정이 길지 않은 죽음을 좋은 죽음이라 여긴다.

5. 준비된 죽음

할 일 다해놓고 정리 다 하고 자식에게 남겨줄 것 다 넘겨주고 정리하고 편히 가는 것, 마음을 정리하고 주변 정리 깔끔하게 하고 죽음을 준비하고 이 세상 삶을 잘 정리할 수 있는 시간이 주어지는 것 모든 일을 정리하고 맞이하는 죽음 등 자신의 마지막 삶을 정리하고 맞이하는 죽음을 좋은 죽음이라 여기고 있다.

6. 원하는 삶을 누리다 가는 죽음

삶의 최선을 다하고 맞이하는 살을 즐기고 맞이하는, 베푸는 삶을 살고 가는, 신앙 속에서 죽음에 대한 두각을 없이 맞이하는, 또한 자손이 잘되는 것을 보고 가는 죽음을 좋은 죽음이라 여긴다.

❀ 노년기 죽음 준비 프로그램 내용

죽음교육 프로그램은 친구와 가족들이 사랑하는 사람의 죽음에 대해서 준비하는 것을 돕는다. 죽음교육 프로그램에서는 자녀는 성인이들, 사람들이 죽음에 대처하는 것을 돕는 가장 좋은 방법은 솔직하고 개방된 교환을 하는 것이다.

노년기 죽음준비 프로그램 내용은 일반적으로 교훈중심의 프로그램(didactic program)고 경험중국의 프로그램(experiential program)으로 나뉜다. 교훈중심 프로그램은 죽음과 관련된 쟁점에 대하여 인지적 자각과 이해를 증진시키는 데 초점을 둔다(Durtalk liesembers, 1991).

반면 경험중심의 프로그램은 교훈중심 프로그램의 내용과 섭치는 부분이 있지만, 좀 더 참여자들의 활동, 참여를 강조하면서 죽음과 관련된 개인적인 감정이나 관심을 토론하고 검토하는 데 초점을 맞춘다(Durlak & Riesenberg, 1999; 이기숙, 2001, 재인용).

죽음준비교육 프로그램에서 다루어질 내용은 다음과 같다.

- **노년기 삶과 현대가족 기능 이해하기**
  - 노년기에 대한 포괄적인 이해, 노화관련 이론, 현대사회 가족의 역할과 기능
- **죽음의 현실**
  - 노화와 질병. 죽음의 개념과 정의, 죽음 이해하기
- **죽음 알기**
  - 죽음의 형태와 과정, 신체적 죽음이란?
- **죽음 받아들이기**
  - 죽음에 대한 태도 및 그에 관련된 요인, 죽음에 대한 노인들의 태도와 이에 영향 미치는 요인은?

- **연명치료 중단의 시기**
  - 생명의 연장과 포기, 안락사, 생명의지
- **죽음준비**
  - 유서쓰기, 유산정리, 장기기증, 호스피스 병원·요양시설 알아보기
- **죽음 맞이하기**
  - 장례의식 및 절차, 전통적인 죽음의 해석, 타인의 죽음 관련 동영상 시청 후 토론
- **남아 있는 것에 대한 정리**
  - 슬픔과 애도 배우자 사별 시 극복하는 방법, 위로 편지, 홀로 남은 자의 적응

3.
유서 쓰기

🌸 유산 남기기

"자손에게 옥답을 남기지 말라.'라는 한시가 있다. 우리나라에서도 '유산 남겨 주지 않기'라는 모임(서울대 손봉호 교수 등)이 있다.

유산 70% 정도를 사회에 환원하는 것으로 매년 초에 유서를 쓴다. 유서에는 동산, 부동산, 유가증권 등 모든 재산 내역을 먼저 밝힌다. 그리고 가족을 위한 적정 상속분을 제외한 나머지 재산을 특정한 방법과 절차로 사회에 환원하겠다는 내용을 담는다.

하지만 투철한 의식을 가진 사람이라야 가능한 것이다. 보통 사람들이 하기에 쉬운 일이 아니다. 남에게 베풀 때는 인색하고 자신에게만은 아낌없이 돈을 쓰는 것이 보통 사람이다.

자식 고생 안 시키고 자식 잘되기를 바라는 마음도 있다. 이것이 보통의 부모 마음이다.

아쉬울 것 없이 넘치게 받기만 하는 데에 길든 자식 중에는 고마움을 모르는 자식이 더러 있다. "부모에게서 충분한 유산을 받으면 자식이 더 고생할 필요가 없으므로 아무래도 근성이 나태해진다." (큐에이칸) 더 걱정되는 것은 노력 없이 생긴 돈을 온전히 간수할지가 문제다. 심컷 주고, 위해 가며 키운 자식이 부모에게 더 못한다. 그렇게 되는 데에는 부모의 잘못이 더 크다. 사회와 이웃은 안중에 없이 가족 이기주의만 자식에게 보여 준 탓이다. 이런 부모의 맹목적인 헌신이 자식을 망치는 것 같다. 불효자식을 키우는 것은 집안에서 독사를 키우는 것과 같다는 말이 있다. 받는 테만 익숙했지, 줄 줄을 모르는 자식을 키워낸 게 대체로 우리 세대들이다.

보통 유서란 굉장한 부자나 혹은 유명한 사람이나 써놓는 걸로 안다. 하지만, 가진 재산이 적다고 하더라도 나누어 가질 사람이 한 명 이상이면 유서는 꼭 써 두어야 한다. 실제로 유서 쓰기는 간단하다. 많든 적든 소유한 재산 전부와 패물까지 자세히 구체적으로 자필로 적어 놓는다. 작성 연월일, 주소 이름을 쓰고 도장(지장)을 찍은 후에 봉한다. 봉한 곳에도 도장을 찍는다. 사망 후, 상속자들은 법원 가사과에 이 유언장을 제출한다. 거기서 검인 청구를 하고 사실 확인만 받으면 바로 효력이 발생한다.

녹음을 해서 유언장을 대신할 수도 있다. 유언 내용을 녹음해 놓는다. 이때 이를 보증할 증인 한 명의 목소리도 녹음해 놓는다. 혹여 불화가 예상되는 경우에는 유언장을 공증해 둔다. 공증은 증인 2명과 함께 공증인 사무소에 가서 공증을 받아 놓는다. 공증료는 상속 총액의 2000분의 3을 낸다. 공증된 유언장은 후에 개봉만 하면 된다.

일본인들은 매년 1월 1일을 맞이하여, 나의 유언장을 작성하여 자신의 떠나온 인생을 되돌아보고, 반성과 미래의 꿈을 펼쳐 나간다고 한다. 우리도 한번 나의 유언장을 작성하여 보자.

🌸 유서 쓰기

평생교육 강의 마지막 시간에 유서 쓰기를 했다. 대학원생들은 보통 교사, 직장인들로 나이가 많은 편이다. 유서 쓰기를 하면 배우자, 아이들에게 쓰는 글 위에는 눈물 자욱이 있어 마음이 뭉클할 때가 있다. 대학원생들은 유서쓰기를 통해서 부모님과 자신, 가족들을 생각할 수 있는 시간이 되었고 앞으로의 남은 인생을 계획하고 지나온 날들을 반성하는 계기가 되었다."라고 말한다. 대부분의 원생들이 만날 때마다 나에게 유서 쓰기가 가장 기억에 남는 대학원 수업이었다고 말한다.

'자녀들에게 보내는 마지막 편지'에서 로즈바이겔은 주변에서 부모의 사망 이후 자녀들이 재산 문제로 법적 다툼을 벌이거나 뿔뿔이 흩어지는 것을 보고 이런 일이 일어나지 않길 바라고 황혼기의 어느 날 은행에서 다음과 같은 유서를 썼다.

사랑하는 나의 아이들아!

난 은행에서 이 글을 쓰고 있단다. 에블린, 베르니스, 앨런아 내가 너희에게 원하는 것은 우애 깊은 형제자매가 되는 것이다. 서로 잘 지내고 필요할 때 서로에게 도움을 주기 바란다. 이것이 내가 너희들에게 바라는 전부다.

나의 유언장

- 이것은 미리 쓰는 유언장의 기본 형식입니다.
- 이 외에도 자유롭게 남기고 싶은 이야기를 써가면 됩니다.
- 반드시 자필로 기록하시고 도장을 찍으셔야 법적으로 유효합니다.

* 성명 :　　　　　　　　　　* 도장 :

* 주민등록번호 :　　　　　　* 생년월일 :

* 주소 :

* 작성일 :　　년　　월　　일　* 작성장소 :

1. 나의 사랑하는 아내(남편)에게

2. 나의 사랑하는 자녀들에게

3. 친구, 친지들에게

4. 내가 떠난 후에 나의 장례식

- 매장, 화장, 납골, 산골, 수목장 / 시신기증 등에 대한 생각을 밝힙니다.
- 장례식 장소, 집례, 부르고 싶은 사람들, 불러 주었으면 좋을 노래들, 장례식에서 거절하고 싶은 사항 등을 기록합니다.

5. 사후 유산처리 문제(기증, 분배, 남은 가족에게 처리 부탁 등을 합니다.)

6. 그밖에 남기고 싶은 말

4.
제2 고향 해인사 미타원

우리 인간들은 때가되면 반드시 죽는다.

기독교에서는 부활은 죽음이 끝이 아니라 새로운 시작이라고 한다.

불교에서는 인연에 의해 일시적으로 신체와 의식이 결합하여 하나가 되면 살아 있는 곳이고 서로 분리되면 죽는 것이라고 한다.

그러나 우리 사람들에게는 죽음이 불현듯이 찾아온다.

이러한 갑작스런 가족의 죽음 대비 교육의 일환으로 나는 2000년 도에 아버님(장범안 님)과 어머님(김옥희 님), 그리고 2024년 10월 1일 운명하신 장모님(박말남 님)을 대림건설에서 시공한 해인사(海印寺) 미타원(경기도 고양시 덕양구) 납골당에 편안하게 모셨다. 그 후에 우리 가족은 설날, 기일날, 부모님을 뵙고 싶을 때 가끔씩 찾아와 인사드리며, 인생을 되돌아보는 공부를 하고 있다.

해인사 미타원   위 _ 장모님상에 처남과 우리 내외
　　　　　　　아래 _ 장모님상에 두아들과 처남

제7부

교육철학 그리고 지나온
아름답고 행복하였던 인생의 날들

1. 교육철학의 실천

2. 지나온 아름답고 행복했던 인생의 날들

1.
교육철학의 실천

오늘날 나의 교육철학에 큰 영향을 준 것은 연세대학교 교육대학원(1976년 9월 16일) 석사학위 논문인 "외솔 최현배의 교육사상"이다.

외솔 최현배 선생님은 일본이 대한민국을 지배하고 있을 때 1922년 일본 교토대학 문학부 철학과에 유학하여 교육학의 아버지인 페스탈로찌(Pestalozzi) 교육학설로 석사학위를 받으셨고 그 후 귀국하여 연세대학교 교수로 계시면서 한글 연구의 선구적 역할을 하셨다.

그 후 내가 상지대학교 교수, 서경대학교 교수로 재임하면서 대학생들에게 다음과 같은 교육철학을 강의 및 지도하는 교수역할을 하였다.

❀ 교육은 사람을 만들고
　효(孝)는 사랑의 인간을 만든다

인간은 교육을 통하여 사람으로서의 구실을 해낼 수 있는 능력을 갖게 된다.

그러면 어떤 인간을 만들어야 하는가?

교육은 단순한 지적인 천재나 잘난 사람을 만드는 것이 아닌 정직(正直)하고, 충실(忠實)하며, 건강(健康)하고 부지런한 국민을 기르는 데 있다. 교육를 많이 받았거나, 좋은 학벌을 가졌다 해서 반드시 훌륭한 인격을 갖추었다고 평가받을 수 없다.

그리고 교육이 개인주의 교육으로 얻으려는 교육으로만 그친다면 그것은 진정한 의미의 인간교육이 될 수 없고 여기에 주려는 교육이 따라야 한다. 즉 그것은 사랑의 사람, 섬기는 사람, 희생의 사람이 되기 위하여 평생토록 노력하는 것이다.

부모에게 효(孝)를 행하는 사람은 건강하여 장수하며, 인격수양과 이타주의로, 자식이 본 받으며, 집안이 화목하며 모든 일이 순조롭게 이루어진다.

그리하여 나의 인생의 교육철학인 사랑, 섬김, 희생의 사람이 되어서 부모님, 친구, 제자들을 사랑하는 사람이 되고자 노력하면서 살아가고 있다.

2.
지나온 아름답고 행복했던 인생의 날들

부모를 공경(恭敬)하는 사람은 복(福)을 받는다

중병으로 누워계신 김옥희 어머님을 21년간 수발하여 1997년 5월 8일 청와대에서 대통령 표창 효자상을 받았다. 그 후 장모님이신 박말남 여사를 26년간 모시고 행복하게 사시다가 100세에 운명하셨다. 두 분의 어머님을 모신 결과 넘치는 사랑을 받았고 100세까지 사시는 장모님을 통하여 인생의 아름다움을 배웠다.

서경대학교 민병천 총장님께서는 매년 신입생들에게 아동학과 장원동 교수님은 효자 교수님이라고 칭찬하여 주셨다.

2012년 "애비야 나 똥 쌌다."라는 책을 출간한 후, 여러 기관에서 특강하게 되었다. 정부기관, 서울시 세종문화회관 소강당, 괴산군청, 청송, 청주, 제주교도소, 각 대학 등에서 특강을 하였다. 또한 결혼주례를 남녀들에게 30년간 730쌍을 주관하여 그들의 행복한 결혼 출발을 도와 주면서 젊은 남녀들에게 세대관을 배우는 계기가 되었다.

그리고 정년 퇴임 후에는 노인요양원에서 노래봉사로 어르신 분들을 위로하며 즐겁게 해드리면서 인생을 배우는 시간이 되었다. 내가 30년 동안 해 온 특강, 주례, 노래 봉사 등은 부모님이 주신 복(福)이라고 생각한다.

서경대 아동학과 교육실습평가회   서경대학교도서관에서

✿ 교수직(敎授職)은 나의 천직(天職)이다

상지대학교 교수(敎授)로 임용되어 학생들을 4년간 강의를 하였다. 그 후 교육학의 본산인 미국에 유학하여 San Diego 대학원에서 교육학 박사학위를 받고 귀국하여 국회 정책 연구위원을 4년간 경험하였다. 그리고 서경대학교 아동학과 교수로 봉직하였다. 수많은 제자(弟子)들을 가르치고 교육하는 즐거움, 대학의 교직과정 자체평가 위원장 등으로 행복한 나날을 보냈다.

"교직이수를 한 덕에 4년 내내 장 교수님의 수업을 계속 들을 수 있었습니다. 교직을 전담하는 교수님의 노력과 열정으로 많은 학생들이 교사가 되기 위해 갖추어야 할 역할과 자질, 그리고 실제 현장에서 요구되는 교사의 능력들을 많이 배울 수 있었습니다."

- 서경대 아동학과 졸업생, 유치원 교사 강윤희

"우연히 나눈 이야기 자리에서 느낀 편안함으로 시작된 교수님과의 인연으로 결혼식에서 주례까지 맡아 주셨고, 결혼 후에도 친정 아버지처럼 챙겨주시고 오히려 친정 아버지에게도 털어놓지 못하는 고민까지 나눌 수 있었습니다."

- 아동학과 제자 강세영

상지관광과 제자와 함께   상지대학교 교수들과 / 상지관광과 제자들과

"장 교수님 하면 가장 기억나는 것은 삶에 대한 여유라고 할까, 만나면 항상 웃는 얼굴을 하고 계신 점이다. 자주 웃으신다는 것은 삶에 대한 긍정적인 정서가 충만하기 때문이라고 보여진다. 편협한 생각을 하지 않으시고 항상 사람과 사람의 관계를 긍정적인 방향으로 이끌려고 하시는 점은 우리가 정말 배워야 할 점이라고 생각한다."

- 서경대학교 일어일문과 박세영 교수

"서경대학교에서 교직과정 자체평가위원회의 일은 학교 위원회의 일 중에서 가장 스트레스를 받는 일 가운데 하나이다. 장 교수님은 교직평가위원장을 3번을 맡으신 분으로 가장 헌신적으로 일하지 않았나 하는 생각이 들었다."

- 러시아 전공 교수 안병팔

🌸 유학(留學)으로 얻은 지혜(智慧)

　내가 미국의 San Diego의 U.S.I.U. 대학원에서 교육학 박사학위 과정을 공부하면서 5년 동안 체험한 학문과 노동은 나의 인생을 강건하고 성숙하게 만들어 주었다. 그리하여 세상을 넓게 보는 안목과 인생을 지혜롭게 살아가는 이치를 터득하여 기쁨과 행복을 주었다.

- 미국대학교의 교육과정 및 운영실태
- 미국의 사회제도와 교육문화
- 한인교포 사회의 실태
- 미국 가정의 자녀교육 실태
- 신이 내려준 천연자원이 많은 미국에서 자동차로 대륙 횡단한 경험(4년 만에 미국에 온 아내와 LA에서 Washington까지 하루 16시간씩 6박 7일을 자동차로 대륙 횡단한 일)
- 미국에서 노동경험(일본식당, Bar Tendar, 여관 잡일, 한국 식당일 등)

1982년 7월 8일 미국은 Smith 부부 집에서 농장일 하면서 주일에 침례교회 앞에서

미국 침례교회에서 만난 서명석 부부와 에리카 어머님(미국인 남편)이 내 생일날 초대하여 cake, 와이셔츠, 갈비 등으로 축하해줌.
1984년 3월 3일.

❀ 사람은 책을 만들고 책은 사람을 만든다

29세에 상지대학교 교수로 출발하면서 서원대학교 김동구 교수님과 공동저자로 교육원리(1979년)라는 교육학 저서를 발간하게 된 것이 저서를 만드는 계기가 되었다. 그 후 서경대학교 교수로 재임하면서 꾸준히 31권의 저서를 발간하였다.

사람은 책을 만들어 사람에게 유용한 지식을 전달하여 사람이 평생동안 공부하여 인생을 지혜롭게 사는 길을 만들어 준다.

장원동 윤영란 교수가 집필한 '평생교육의 이해'라는 책은 대한민국 문화체육관광부 우수학술도서로 선정되었다. 내가 만든 부부 모임팀을 모시고 친구인 윤연 해군사관학교 교장님의 초청으로 그곳의 도서관을 방문하였을 때, 내가 집필한 「평생교육의 이해」가 전시되어 있어서 놀랐고 기뻤다. 내 취미는 독서이며 광화문의 교보문고를 즐겨 찾는 것이 나의 기쁨이며, 또 다른 인생을 배우는 길이다.

《교육원리》(문음사, 1979), 《교육실습의 이론과 실제》(상조사, 1994), 《교육학개론》(상조사, 1996), 《현대인의 건강과 교육》(상조사, 1997), 《평생교육과 평생학습》(상조사, 1998), 《대학교수를 위한 교수법》(국학자료원, 1999), 《부모교육》(상조사000), 《현대사회와 교육》(상조사, 2001), 《교육행정 및 교육경영》(상조사, 2004), 《교육인사행정론》(상조사, 2005), 《부모교육을 위한 아동발달의 이해》(상조사, 2006),《외솔 최현배의 교육사상》(상조사, 2007),《교육사 및 교육철학의 이해》(상조사, 2007),《교육의 이해》(동문사, 2008),《현대인의 부모교육》(교문사, 2008),《교육행정 및 교육경영》(청목출판사, 2009),《유아교육론》(청목출판사, 2009),《최현배의 교육철학》(형지사, 2010),《애비야 나 똥 쌌다》(유븍스, 2012),《평생교육의 이해》(동문사, 2015),《창의 인성론》(양애경, 장원동, 최희양 공저, 2017)

광화문 교보문고에서

우수학술도서 선정 도서   출간도서 모음 사진

🌸 결혼식 주례 이야기

결혼식 주례의 처음 시작은 내 나이 45세 서경대학교 교수로 재직할 때 였다. 고등학교 친구인 조명식 교수(신구대학교)가 조카의 결혼식 주례 부탁을 하여 북악 터널에 위치한 귀빈예식장에서 시작되었다.

그 후 30년 동안 700쌍의 주례를 진지, 친구, 교수 등의 부탁으로 또 다른 주례일은 한국 주례협회의 회원으로서 배정이었다.

주례일을 접전하면서 기쁨과 보람도 얻었고, 시대를 따라 변해가는 신랑신부의 결혼관 등 많은 것을 직접 보고 배우는 행복한 시간이었다.

교수에서 결혼식 주례로 봉사하는 지담 장원동 박사

사학연금 주례 특강

건강이 안 좋으신 새어머니를 20년간 대소변 관리하며 수발하여 1997년 대통령 표창 효자상을 받고, 부모님이 돌아가신 후, 나의 장모님을 모시고 생활한 지도 어언 20년이 되었다. 부모님을 20년 전에 여의고 집사람, 장모님 그리고 두 아들과 함께 서울 마포구 아현동에서 3대째 살고 있다.

본인은 미국유학(교육학 박사) 5년, 교육학 관련 저서 31권 저술 등 30년간의 대학교수 생활을 퇴직하고 현재는 제2의 인생 이모작인 결혼식 주례봉사로 세상을 배우고 있다.

공직자들의 주례집단 금지로 인해 주례 양성학원이 생기고 인터넷에 여러 주례협회가 경쟁 중이다. 나는 그동안 교수로 친구들의 자녀 및 제자들의 결혼식 주례를 집전하여 왔다. 그러던 중 신문에서 보건복지부 산하 사단법인 한국전문주례협회에 대한 내용을 보고 정식 교육을 받으면서 주례에 대한 이미지의 중요함을 알았고, 주례의 예의범절을 익혔다. 신랑 신부들에게 한마디라도 더 좋은 말을 전할 수 있고, 그로 인해 조금이라도 삶에 도움이 되고 또한 봉사의 기회도 가지기 위하여 전문직업주례 달인 자격증을 받았다.

결혼은 한 남자와 한 여자가 서로 법률이 인정하는 배우자가 되어 가정을 이루고 함께 살아간다는 것을 의미한다. 친지들 앞에서 법률이 인정하는 결혼을 이루어 "서로 힘을 합쳐 잘 살겠습니다."라는 의지를 천명하고 주변 사람들에게 인정받는 하나의 의식을 주재하는 사람이 바로 주례이다. 또 주례는 결혼 후에도 계속하여 그들의 생활을 염려해 주고, 직간접적으로 지도할 수 있는 처지에 있어야 하고, 결혼식을 요령 있고 엄숙하게 진행시킬 수 있는 인생의 스승이어야 한다. 또한, 주례를 하면서 신랑과 신부 양가의 가족들 그리고 친지들이 축하하는 모습과 새로 탄생하는 한 부부를 보면 주례자로서 기쁨과 보람을 느낀다. 주례를 마치고 신랑과 신부 양가의 부모님들, 그리고 하객분들이 진심으로 나에게 감사의 인사를 건넬 때면 나는 또 한 쌍의 부부 탄생을 축하하고 그들이 행복하게 생활하기를 진심으로 기도한다.

2011년 4월 정말 기억에 남는 주례가 있었다. 서울대 호암교수회관에서 신랑은 서울대 출신으로 IT회사 대리로 귀여운 인상의 청년이었다. 신부는 디자인 전공으로 모습은 탤런트 김하늘 양 같은 모습이었다. 내가 식장에 도착하니 현관에 나와서 정중하게 예의 바른 태도로 웃으면서 질문에 대답하는 모습이 요즈음 보기 드문 청년이었다. 주례를 끝내고 나오니 주례 선생님을 위한 따로 배정된 방으로 안내하였다. 그곳에서 식사를 하고 있으니 신랑 부모님께서 내 자리에 와서 '주례 선생님 말씀 잘 들었습니다.'라고 정중하게 인사를 하며 진심으로 감사해 하였다.

또한 식사 후에도 신랑과 신부가 문 앞에 서서 정중한 인사를 하는 게 아닌가. 요사이 젊은 사람들이 예절에 무관심할 뿐만 아니라행하는 청년들이 별로 없는 이때에 보기 드문 청년이었다. 아마 좋은 가정에 뿌리를 두고 있는 장래가 아주 유망한 청년이라 생각해 본다. 이러한 인생의 스승 역할인 주례를 한 해 동안 100여 쌍의 결혼식을 집전하면서 여러 가지의 세상사를 배우고 젊은 남녀들의 결혼 가치관 등 새로운 결혼 문화의 변화를 느낄 수 있었다.요즈음 100세 시대를 맞이하여 첫째 젊은 남녀에게 귀감이 될 인생의 지침서인 주례사가 5분 이내로 함축되었고, 결혼하는 연령을 보면 남자는 보통 35세에서 48세로, 여성은 29세에서 37세로 만혼이었다. 이제 결혼 적령기가 남녀 모두 35세를 넘어가고 있었다. 만혼이 증가하는 첫째 이유는 집 장만, 육아와 교육에 대한 경제적 부담이었다. 과거에는 비슷한 나이에 결혼하는 획일적인 흐름이었지만 최근에는 조혼, 미혼, 재혼, 황혼 결혼 등 전 연령대에 걸쳐 결혼이 확산되고 있다.

둘째로는 기호결혼이 되고 있다. 경제적 이익과 안정을 위해 서둘러 결혼하는 게 아니라 일과 여행, 연애를 싱글로 실컷 즐긴 뒤 '둘이 함께 즐기면 더 좋은 것들'을 누리기 위해 결혼한다는 것이다. "육체적인 노화, 신체적인 나이가 과거에 비해 10년 이상 늦추어져 아기를 낳아 키우는 것을 결혼의 제1목적으로 삼지 않는다면 30대 후반에 결혼하는 것이 가장 이상적이다."라고 생각하는 추세이다. 실제로 40대 초혼자수가 남자는 5배, 여성은 3배 이상으로 증가하고 있다. 그리고 결혼에 관한 모든 사항의 선택과 결정이 신부 측으로부터 되는 경우가 많아졌다.

21세기에 들어오면서 여성의 지위 상승으로 많은 변화가 왔다. 한 예로 결혼식의 집례자인 주례 선택권으로 오래전부터 신랑의 결정사항이었다. 그러나 요즈음에 주례를 의뢰하고 선택하는 것이 신부로 바뀌는 경우가 많아졌다. 거의 신부와 통화하고 모든 사항을 결정하는 경우가 많았다. 그것도 대부분 인터넷 주문이다. 이와 같이 결혼에 대한 풍속도가 시대의 흐름에 따라 변화하면서 나도 새로운 결혼문화에 대한 세상 공부를 하고 있다. 그러므로 우리 인간들은 어머니 배 속에서부터 죽을 때까지 배우면서 평생교육과 평생학습을 실천하는 것이다.

🌸 고희연(古稀宴) 이야기

2016년 3월 19일 Swiss grand Hotel에서 가족, 친지, 교수, 제자들이 모여 고희연(古稀宴)이 열렸다.

정년퇴직한 지 5년밖에 안 되었는데 벌써 70이 되었다. 앞으로 더욱 건강하게 최선을 다하여 내가 아는 분들과 함께 인생을 배우면서 살아가려고 합니다.

양애경 한서대학교 교수님의 축사의 글

　오늘 화창한 봄날을 맞이하여 저희들의 멘토이시자 존경하는 장원동 교수님의 고희연에 함께 초대되어 무한한 영광과 기쁨으로 생각합니다.
　안녕하세요?
　저는 오늘 주인공이신 장원동 교수님과 10년 지기인 한서대학교 교양교직과 양애경 교수입니다. 지난 5년 전 장 교수님 정년퇴임식 때도 인사드렸는데 기억하시지요?
　오늘 들어오실 때 선물받으신 "창의인성론"의 공동저자입니다. 사실 이 책은 장 교수님의 지난 40여 년간의 교육철학이 녹아 있다고 해도 과언이 아니지요. 대통령상을 수상하신 장 교수님의 효 사상과 인성교육은 바로 '밥상머리교육', 즉 가정교육에서 시작된다는 것에 저도 적극 공감합니다. 이 책이 만들어지기까지는 장 교수님의 역할이 아주 컸지만 제가 현직에 있다 보니 이처럼 배려해주셔서 제가 본의 아니게 1저자가 되었지만 사실 1등 공신은 장 교수님이십니다. 이 자리를 빌어 다시 한번 장 교수님께 고개 숙여 감사인사 올립니다.
　그동안 제가 10여 년 가까이 지켜본 장 교수님을 한마디로 표현해보면 "아름다운 사람은 향기가 있다"라고 말하고 싶습니다. 장 교수님은 해를 거듭하실수록 더 높이 보이는 지적 성숙을 지니셨습니다. 달빛 아래서도 체조할 수 있을 정도로 건강을 유지하고 계시고, 늘 여유와 이해력이 늘어나는 넉넉함이 베어 있습니다.

장 교수님은 뜻하신 일들에 대해 늘 준비되어 있는 분이시고 누구를 만나서도 늘 맛있는 식사를 먼저 베푸실 정도로 경제력도 확보하고 계십니다. 또한 외모에 관해서도 늘 관심을 늦추지 않으시기에 지금도 10년은 거뜬히 뛰어넘는 젊은 '동안 외모'로 주변의 시샘을 받고 계시며, 노래와 음악 속에 취미생활도 열심히 하는 멋쟁이이십니다.

또한 무엇보다 가족을 소중히 생각하시고 위해 주시면서도 주변에는 늘 손 내밀어 줄 좋은 벗들이 아주 많이 있습니다. 그래서 장 교수님은 아름다운 향기가 있는 사람입니다.

끝으로 최창일 시인의 시를 보면서 바로 '장원동 교수님'이시다.라고 생각했습니다. 이 시를 장원동 교수님께 드립니다.

> 호수가 산을 품어 안는 것은
>
> 호수가 산을 품어 안는 것은 깊어서가 아니라 맑아서입니다. 권력과 금력이 없어도 그 사람의 주변에 많은 사람이 몰려드는 것은 희

생과 맑은 심성의 삶이 있었기 때문입니다. 감사합니다! 오늘 장원동 교수님과 함께하신 모든 분들과 축복과 행복이 가득하시길 기원드립니다.

2016. 3. 19. 고희연에서 한서대학교 교수 양애경 올림.

지담 장원동 교수 고희연 가족사진 2016년 3월 19일
(위로 장윤호 연출가 아들, 처남 김준섭 교수, 장성호 장남)

친구 김홍진 의학박사님의 축사

🌸 희수연(喜壽宴)을 만들어 준 강세영 박사

2024년 3월 24일 오후 1시 조선호텔 홍연에서는 나의 77세 희수연 축하 모임이 있었다. 나의 부부 모임 친구들과 서경대학교 제자인 강세영 박사(숙명여대 박사과정)와 남편인 김정희 박사(LG 책임연구원)의 귀엽고 사랑스런 두 자녀인 김수인 양, 김예준 군이 축하를 해주었다.

이 희수연은 제자인 강세영 박사 부부가 만들어 준 나의 인생에 최고의 기쁨이며, 교수로서 보람을 느낀 행복한 날이었다.

강세영 제자 부부에게 감사와 더불어 주님의 은총이 늘 충만하기를 기원합니다.

장원동 교수의 희수연 모임

김정희·강세영 박사 부부

🌸 사진으로 본 추억여행

결혼식 1976년 2월 22일 2층 백남호텔에서

워커힐 호텔에서

내 사랑하는 친구 지병청, 차도일 등과 미국의 집에서

한사랑 부부모임

한사랑 생일모임

서경대학원 졸업생 모임

서경대학교 교수님모임(전신욱, 윤의섭, 박창균)

20년 된 교수 모임

동고동락(同苦同樂) 하는 50년 친구들

한얼회 모임(한성고등학교)

해군사관학교 윤연 교장님(해군 중장) 초청 방문한 한사랑 부부모임

연세대학교 총동문회 상임이사단

연세대학교 백양로 재창조 기여자

대학동기 부부들이 前 괴산군수 임각수 님의 새로 지은 집 축하 방문 모임

부모를 사랑하면
人生은 아름다워

초판 1쇄 인쇄 / 2025년 4월 25일
초판 1쇄 발행 / 2025년 5월 3일

저 자 / 장   원   동
발행인 / 이   중   수
발행처 / 동   문   사

서울특별시 서대문구 홍제원 1길 12(홍제동 137-8)
Tel : 02)736-3718(대), 736-3710, 3720
Fax : 02)736-3719
등록번호 : 제9-17호
등록일자 : 1974년 4월 27일
가격 : 20,000원

ISBN : 979-11-6328-687-5 (03810)
E-mail : dong736@naver.com
Homepage : www.dongmunsa.com

저자와의 합의하에 인지는 생략합니다.

이 책은 저작권법에 따라 보호받는 저작물이므로 무단전재와 무단복제를 금지하며, 이 책 내용의 전부 또는 일부를 이용하려면 반드시 저작권자와 동문사의 서면동의를 받아야 합니다. 무단전재나 무단복제 행위는 저작권법 제136조(벌칙)에 의거, 5년 이하의 징역 또는 5천만 원 이하의 벌금에 처하거나 이를 병과할 수 있습니다.